AF317481

NOUVEAUTÉS ET PROGRÈS

DE L'INDUSTRIE

921-10. — Coulommiers. Imp. Paul BRODARD. — 7-10.

BIBLIOTHÈQUE DES ÉCOLES ET DES FAMILLES

NOUVEAUTÉS ET PROGRÈS

DE L'INDUSTRIE

PAR

DANIEL BELLET

OUVRAGE ILLUSTRÉ DE 68 GRAVURES

DEUXIÈME ÉDITION

PARIS

LIBRAIRIE HACHETTE ET Cⁱᵉ

79, BOULEVARD SAINT-GERMAIN, 79

1910

NOUVEAUTÉS
ET
PROGRÈS DE L'INDUSTRIE

LA TRANSMISSION DES IMAGES
A DISTANCE

TÉLÉPHOTOGRAPHIE ET TÉLÉAUTOCOPIE

Voici bien longtemps qu'on était animé du désir de pouvoir transmettre à distance les images, tout comme on le fait pour les pensées par la télégraphie, pour les sons par le téléphone. On peut dire qu'aujourd'hui on a à peu près résolu ce problème si curieux. Le plus connu des dispositifs est celui qui a été inventé par l'Allemand Korn. Au poste transmetteur, c'est-à-dire d'où partent les impressions lumineuses qui vont s'imprimer au poste récepteur, on dispose, sur un cylindre en verre, une pellicule photographique comme celles que tout le monde connaît, une photographie transparente par conséquent, l'image qui doit subir la transmission. Le cylindre et la pellicule sont dans une chambre noire; et, grâce à une toute petite fenêtre ménagée dans la paroi de cette chambre noire, en un point déterminé, grâce aussi à une lampe électrique installée de façon que sa lumière puisse pénétrer par cette minuscule fenêtre; par suite d'une rotation continue du cylindre, qui tourne en s'élevant, on arrive à ce que successivement tous les points de la pellicule passent derrière la fenêtre et reçoivent la lumière de la lampe. En réalité tous les points, c'est exagéré; car ces points sont innombrables. Mais il s'agit de points suffisamment nombreux pour que la photographie soit décomposée en une multitude d'impressions lumineuses extrêmement rapprochées, dont l'ensemble nous donne l'impression de surfaces claires ou sombres ; en vertu de ce grand principe de la continuité optique qui a été expliqué ici.

Le rayon lumineux de la lampe qui passe à travers la pellicule voit son intensité d'autant plus affaiblie, que la photographie était plus foncée au point où il l'a traversée; c'est dire que l'on a, au fur et à mesure de la rotation du cylindre et de la photographie, des séries d'impressions lumineuses d'intensité plus ou moins affaiblie, proportionnellement aux nuances, aux clairs et aux sombres de la photographie.

Mais ces rayons, intenses ou non, sont renvoyés par des prismes; et ils viennent frapper une plaque de sélénium disposée dans le bas de l'appareil transmetteur. Il faut dire que le sélénium a une particularité électrique bien curieuse : il laisse d'autant mieux passer le courant électrique qu'il est frappé par une lumière plus intense. Si donc on le met sur le passage d'un courant électrique, dans cet appareil Korn, il va traduire les intensités lumineuses, les clairs et les sombres de la photographie à transmettre, en laissant passer un courant intense, ou, au contraire, en ne le laissant presque plus passer. On aura une véritable traduction télégraphique de la photographie. Reste à faire que ces passages de courant donnent une impression lumineuse plus ou moins intense sur une plaque photographique, qui sera impressionnée exactement de façon proportionnelle à la lumière qu'a laissée passer la première pellicule.

Pour arriver à ce résultat, on installe au poste récepteur un autre cylindre de verre enfermé dans une chambre noire, et portant cette fois une pellicule sensible; par une fenêtre peut lui parvenir la lumière d'une lampe électrique qui impressionnera la pellicule. Le tout se déplace comme dans le premier cas, de manière à offrir successivement tous les points de la pellicule à l'action lumineuse. Mais le courant plus ou moins intense envoyé par le sélénium vient agir sur un dispositif électrique, qu'on appelle un galvanomètre à cordes. Il dévie plus ou moins une minuscule plaque d'aluminium, qui est destinée à renvoyer vers la fenêtre de la chambre noire la lumière de la lampe. Plus elle est déviée, sous l'influence d'un fort courant électrique, moins il parvient de lumière à la pellicule sensible. Les impressions lumineuses reçues par celle-ci et photographiées au poste récepteur correspondent exactement, en sens inverse, à l'intensité de la lumière qui a traversé la photographie au poste transmetteur. On a donc un négatif qui est susceptible de donner une photographie positive semblable à la photographie originale, mais composée de lignes extrêmement rapprochées.

Signalons d'autre part le téléstéréographe des frères Belin, où un relief est utilisé pour assurer l'envoi de l'image; on tire une photographie de cette image de telle manière que des creux correspondent aux parties claires, et des reliefs aux parties sombres. Cela se fait à l'aide de clichés sur gélatine bichromatée, qu'on expose à la lumière. Les demi-teintes correspondent à des hauteurs intermédiaires; et l'on trouve toutes les variétés de relief, pour traduire toutes les variétés d'intensité lumineuse du cliché. Si l'on enroule le cliché en relief obtenu sur un cylindre tournant, et qu'une pointe se déplace à la surface de ce cliché, la pointe s'enfoncera ou se soulèvera en suivant tous les creux et les reliefs. Le déplacement fait que la pointe décrit une sorte de spire sur toute la surface du cliché, et par conséquent en parcourt pour ainsi dire tous les points, dans les mêmes conditions que le rayon lumineux dont nous parlions tout à l'heure. D'autre part, la pointe exploratrice, comme on l'appelle pittoresquement, est montée au bout d'un levier; et l'autre bout de ce levier se déplace naturellement d'autant plus, dans un sens ou dans l'autre, que la pointe pénètre plus profondément dans un creux, ou au contraire s'élève davantage sur un relief. Or, ce levier est muni d'une roulette, dont les déplacements intercalent ce qu'on appelle des résistances dans un circuit électrique.

Les creux et les reliefs se traduisent par des variations d'intensité du courant, que lancera l'appareil dans la ligne par laquelle va se faire la transmission des diverses parties du cliché. A la réception, nous trouvons quelque chose qui rappelle bien un peu le dispositif Korn. Sous l'action de courants, intenses ou non, un petit miroir oscille plus ou moins; et ce miroir va envoyer toute une gamme lumineuse variable. Cela, parce que la lumière qu'il envoie continuellement à travers un trou et une lentille sur du papier sensible se déplaçant convenablement, est obligée de passer à travers un écran plus ou moins opaque, suivant le déplacement plus ou moins accentué du miroir, en conséquence de l'intensité du courant.

Il y a beaucoup d'autres appareils téléphotographiques, comme le système Senlecq, ou le système Berjonneau. Il y a aussi l'appareil et le système Semat, qui ont été pris sous le patronage du grand savant Cailletet, et qui se construisent à Paris dans la maison spéciale Ducretet et Roger. Ce système porte le nom de téléautocopiste. C'est un des systèmes les plus récemment imaginés pour la transmission électrique des images à distance; et nous y insisterons quelque peu. Nous reproduisons ici un schéma, c'est-à-dire une sorte de sommaire graphique d'une installation de transmission, pour que, sans entrer dans les détails tout à fait techniques, le lecteur puisse se rendre compte du l'ensemble d'une transmission de ce genre.

Il y a respectivement, aux deux extrémités de la ligne électrique permettant le passage du courant qui assure l'envoi de ce qu'on appelle les impressions lumineuses, un appareil transmetteur et un appareil récepteur; ils se ressemblent beaucoup. Cependant, afin que les échanges de correspondance graphique se fassent dans les deux sens, chaque récepteur est doublé d'un dispositif de transmission, et inversement. Dans chaque appareil récepteur ou transmetteur, on aperçoit un cylindre : c'est le porte-image; ils doivent marcher en même temps et à la même allure. On voit le transmetteur en A et le récepteur en B, dans le schéma de l'installation. Le cylindre A est du reste de diamètre plus faible que l'autre.

Cette différence de diamètre est visible dans le second schéma, où tout est réduit à sa plus simple expression, afin qu'on saisisse mieux les dispositions et le fonctionnement.

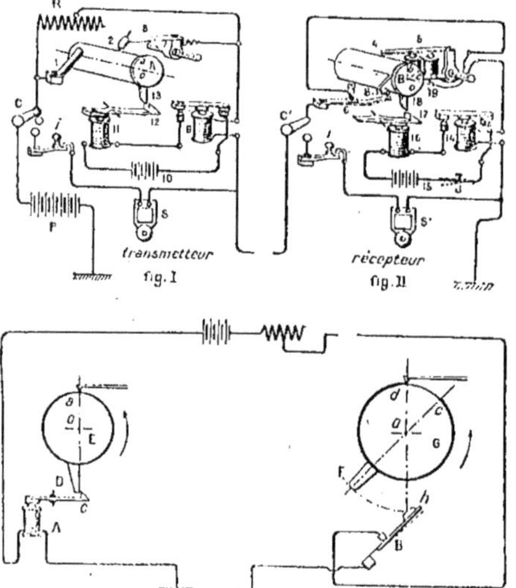

Dispositions schématiques de l'appareil Semat.

On aperçoit très bien les pointes, mettons les styles, pour employer le langage technique, qui appuient sur la surface de chaque cylindre, ou du moins de ce dont est recouvert chaque cylindre. Le mécanisme est combiné de telle sorte que, ici, comme dans les autres cas, le style va explorer toute la surface du cylindre et y tracer une spirale dont les spires sont aussi rapprochées les unes des autres que possible. Le mouvement des deux rouleaux est assuré automatiquement; et automatiquement aussi ils sont forcés de tourner à la même vitesse. Le conducteur électrique qui les relie, et qui peut être une ligne téléphonique ou une ligne télégraphique, est figuré par des traits dans le schéma ; des électro-aimants, quelque peu analogues à ceux qu'on trouve dans les sonneries électriques, commandent les mouvements du style récepteur, aussi bien que les opérations diverses du double appareil.

Sur le petit cylindre, on enroule une feuille de papier métallique très mince sur laquelle l'image à transmettre a été dessinée ou 'imprimée ; mais l'encre employée pour ce

L'appareil transmetteur et l'appareil récepteur téléautocopistes.

dessin, pour le tracé des traits, des noirs et des blancs, est mauvaise conductrice de l'électricité, tandis que la feuille de métal est bonne conductrice. Par conséquent, comme le style se déplace au contact du cylindre qui tourne, il se trouve tantôt en face de surfaces métalliques nues, tantôt en face des parties encrées : dans le premier cas, le courant électrique passe librement ; dans l'autre, il est au contraire arrêté. On comprend qu'il y a là de quoi mettre en action, ou au contraire laisser inactifs, les électro-aimants qui se trouvent à la station réceptrice.

Sur le cylindre de cette dernière station, on a enroulé une feuille de papier carbone, comme on en emploie dans les machines à écrire pour obtenir des doubles, des décalques. Par-dessus, on a enroulé de même une feuille de papier

blanc, sur laquelle le style récepteur, dans ses mouvements
commandés par l'électro-aimant et par les passages ou les
arrêts du courant provenant du poste transmetteur, vient
appuyer ou non, et par suite y dessiner des lignes noires
derrière ce papier, par décalque du papier carbone.

Ces lignes sont suffisamment rapprochées les unes des

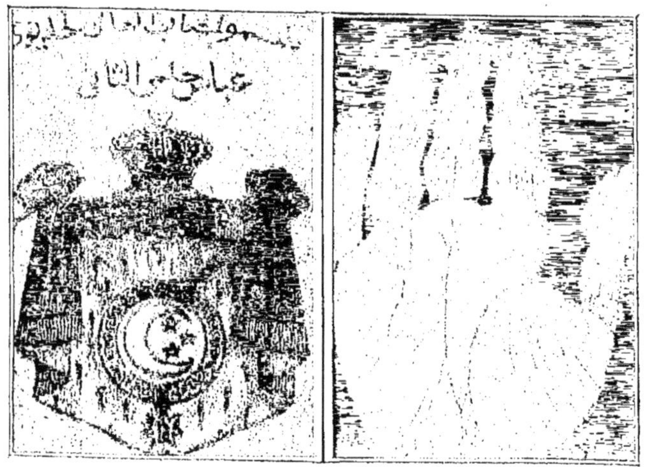

Images reçues des armes de l'Égypte et d'un signalement
anthropométrique.

autres pour que, à la fin d'une transmission, on se trouve
en présence d'une image donnant elle aussi l'impression de
la continuité, et une reproduction fidèle de l'original. Les
gravures que nous donnons montrent bien l'aspect de ces
reproductions curieuses obtenues par transmission électrique. Pour peu qu'on regarde à une certaine distance ces
images transmises, on est convaincu qu'elles ont été
dessinées directement, et non point qu'elles se composent
de lignes parallèles très voisines les unes des autres. Tout
au plus aperçoit-on une ligne verticale assez nette dans
l'image des armes du Khédive d'Égypte : et cela parce qu'on

a interrompu volontairement la transmission durant une journée, pour la reprendre au bout de vingt-quatre heures seulement. Il s'agissait de démontrer au Khédive, devant lequel se faisait l'expérience, que l'envoi de ces sortes de messages graphiques pouvait parfaitement alterner avec des communications téléphoniques ordinaires, sur la ligne que l'on employait pour relier les deux appareils Semat. (Nous devons dire que M. Semat est un des fonctionnaires des Chemins de fer égyptiens, et qu'il a tenu à donner à l'Égypte la primeur de son invention; mais elle a été examinée minutieusement et éprouvée à Paris.) Comme exemple des transmissions délicates que l'on peut obtenir au moyen d'un système de ce genre, on examinera certainement avec curiosité cette impression d'une main posée à plat, après avoir été enduite d'encre, sur une plaque métallique; nos lecteurs savent sans doute que c'est ainsi que s'obtiennent à la Préfecture de police ces empreintes digitales qui rendent tant de services

Portrait télégraphié.

dans l'identification des criminels. Il est bien intéressant de pouvoir maintenant transmettre par télégraphe cet élément du signalement d'un individu que poursuit la police.

Une particularité précieuse de ce système Semat, c'est qu'il permet instantanément de graver un cliché typographique d'une image que l'on reçoit ainsi télégraphiquement : rien de plus simple, en effet, que de faire que le style récepteur soit coupant, et qu'en s'appuyant aux moments voulus sur le cylindre récepteur, il trouve enroulé sur lui une plaque métallique, de cuivre par exemple, où il tracera des creux qui permettront un tirage sur une presse d'imprimerie, ainsi que cela se passe avec la gravure en taille-douce.

Avec ce dispositif, la transmission est relativement très

rapide : en cinq minutes environ on obtiendra la reproduction d'une image longue de douze centimètres et large de sept.

Bien entendu, nous avons passé une bonne partie des détails techniques qui font son mérite et lui donnent sa sécurité et sa précision. Mais nous en avons assez dit pour montrer combien on est avancé dans le domaine de la transmission des images à distance par la télégraphie; certainement, avant qu'il soit longtemps, on aura la possibilité d'associer au téléphone un appareil de télévision, qui vous permettra de voir la physionomie et les expressions de la personne avec laquelle vous causerez.

THÉATRES FLOTTANTS

Voila des siècles et des dizaines de siècles qu'existent les théâtres mobiles, et à peu près sous la forme qu'on voit encore aujourd'hui de tentes, de constructions en planches démontables.

Les Américains, qui osent tant de choses, se sont dit qu'on pourrait revenir à ces théâtres ambulants, mais en leur donnant une forme plus pratique et confortable, pour les artistes qui sont appelés à y jouer comme pour le public qu'on désire y attirer. Il fallait pour cela offrir à ce dernier une vaste salle bien close, bien abritée, se transportant d'un lieu à l'autre sans se démonter. On ne pouvait songer à mettre cette salle sur roues, ni à l'installer pour circuler sur voie de fer, car il aurait été impossible de lui donner de grandes dimensions; et l'on s'est décidé tout simplement à la disposer dans un bateau, dans un de ces vastes chalands que les Anglais appellent des *houses-boats*, et qui servent de maison de campagne, en été, à tant de gens amoureux du plein air et l'on pourrait dire de la pleine eau. Ces chalands, construits pour circuler sur toutes les voies d'eau intérieures, rivières canalisées et canaux, peuvent cependant se hasarder en mer, pour passer de l'embouchure d'un fleuve à l'estuaire d'un autre.

La salle de spectacle a naturellement une forme allongée et rectangulaire; elle renferme un parterre et deux rangées de galeries superposées; elle peut recevoir un millier de personnes, ce qui suppose que le chaland-théâtre est de belles dimensions. Cela n'empêche pas qu'on a trouvé moyen également d'y installer les chambres, mettons les cabines, des artistes, qui couchent à bord, et de tout le personnel nécessaire aux représentations comme à la manœuvre du bateau. Ce théâtre ambulant se promène pour ainsi dire d'un bout à l'autre des États-Unis, parcourant annuellement une distance totale de quelque 4 000 kilomètres; il fréquente surtout la région de Pittsburg, les cours d'eau Ohio et Illinois, le Mississipi. Et cette salle flottante aborde dans les diverses villes, où elle apporte la pièce à la mode, aux sons d'une musique installée sur le toit de la salle, et dont les cuivres ont bientôt fait d'appeler toute la population sur le port.

LA DIRECTION DES TORPILLES
A DISTANCE

ON sait certainement quel instrument redoutable de destruction constitue la torpille; toutes les flottes du monde en ont d'importants approvisionnements; et non seulement des bateaux spéciaux, appelés pour cela torpilleurs, ont pour mission de diriger ces projectiles contre les navires ennemis; mais il n'est plus un seul grand navire de guerre, que ce soit un croiseur ou même un cuirassé, qui ne dispose de tubes lance-torpilles à son bord. Sans insister longuement sur ce lancement, disons tout simplement que la torpille est envoyée à l'aide d'une espèce de tube-canon tout particulier.

Mais la torpille est plus qu'un projectile ordinaire; elle est dotée d'un mécanisme intérieur de propulsion. Et si, une fois immergée, elle est susceptible de se déplacer et d'aller très loin frapper la coque d'un navire, faire explosion alors, et causer une voie d'eau à ce navire en creusant un trou dans sa coque, c'est que l'hélice que commande son engin propulseur a entretenu l'élan premier que lui avait imprimé le lancement. Sans doute la combinaison mécanique qui assure ce déplacement et qui vaut à la torpille son nom d'automobile, est pleine d'ingéniosité; sans doute cela est autrement plus efficace, plus pratique, moins dangereux pour ceux qui manipulent l'engin, que les anciennes torpilles qui devaient être apportées, sous les coups de l'ennemi, par un petit bateau s'approchant à toute vitesse et repartant de même. Ces torpilles ont parfois reçu le nom de dirigeables, parce qu'on a la possibilité de diriger dans de certaines limites leur course, en mettant à contribution un appareil gyroscopique qui les oblige à peu près exactement à se maintenir dans la ligne où elles ont été « tirées », lancées primitivement. Mais il n'est réellement exact que de les appeler « automobiles ».

Même au point de vue de leur déplacement, plutôt que de la direction de ce déplacement, les torpilles classiques, dont le type par excellence est encore la torpille Whitehead, ont des inconvénients sérieux. Pour actionner les hélices qui servent à la propulsion, il faut un moteur à air comprimé; cela vaut certainement mieux que le moteur à vapeur ou à eau chaude qu'on avait d'abord mis à contribution dans les premières torpilles automobiles qui avaient été imaginées, vers 1860, par un officier autrichien. Mais cela entraîne des complications, et surtout limite étrangement la longueur du parcours que peut effectuer l'engin avant d'atteindre le navire ennemi. Une torpille Whitehead, par exemple, ne peut pas franchir une distance de plus de 500 mètres à une allure relativement faible de 25 milles marins à l'heure. Et pour arriver à ce résultat, il faut installer à l'intérieur de la torpille un lourd réservoir en acier, ne contenant pas plus de

200 litres d'air comprimé, du reste, sous une pression énorme.

C'est pour remédier à ces inconvénients divers qu'on a voulu combiner des torpilles vraiment dirigeables, pouvant toujours être commandées à distance, dans leurs déplacements, par ceux qui les auraient lancées; on espérait ainsi arriver à modifier la course de la torpille au fur et à mesure du déplacement du navire visé; on espérait aussi envoyer au moteur de la torpille, pour actionner son hélice et commander sa marche, du courant électrique susceptible d'assurer la rotation d'un moteur électrique installé à l'intérieur de l'engin. En principe, cette combinaison était fort attrayante; et le fait est que des inventeurs se sont lancés dans cette voie, notamment l'illustre Édison, en collaboration avec un autre inventeur. C'est ainsi que fut construite et essayée la torpille dirigeable portant le nom de Brennan. Elle était basée sur la même idée générale. La torpille déroulait derrière elle, en se déplaçant, deux fils électriques conducteurs la mettant en communication constante avec le poste d'où elle avait été lancée, et d'où on surveillait sa marche grâce à deux hampes verticales qu'elle portait et qui se montraient au-dessus de l'eau. Naturellement, les observateurs surveillant la marche pouvaient envoyer un courant par ces fils, et commander en conséquence l'inclinaison dans un sens ou dans l'autre du gouvernail de la torpille.

Il est évident que, en théorie, on avait de la sorte le moyen de modifier la course de la torpille, et notamment de l'obliger à suivre une route absolument droite : ce qui n'est pas le cas avec les appareils automatiques qui, dans la torpille Whitehead, sont censés rectifier constamment les « embardées » que peut faire l'engin sur la droite ou sur la gauche. Seulement, ces longs fils qui trainaient derrière la torpille ralentissaient considérablement sa marche, quand ils ne l'arrêtait pas complètement en se prenant dans tel ou tel obstacle qu'on peut rencontrer facilement dans la mer.

Ce n'était donc pas encore la solution. Comme, néanmoins, il y a grand intérêt à ce qu'on perfectionne la direction automatique des torpilles automobiles ; que le réglage de ces gouvernails automatiques auxquels nous avons fait allusion est extrêmement lent et minutieux, et peut pourtant donner lieu dans la pratique à de graves mécomptes ; on a songé assez naturellement à assurer la direction à distance des torpilles, la commande également à distance de leur gouvernail, par

M. Branly manipulant un appareil envoyant des ondes électriques.

ces ondes hertziennes qui franchissent l'espace sans le moindre conducteur, et qui sont utilisées de façon si curieuse dans la télégraphie sans fil.

Il ne s'agit plus alors de télégraphie sans fil, puisqu'on ne se trouve point en présence d'un appareil télégraphique ; mais bien de télémécanique, ou commande mécanique à distance. On pressent que ces ondes électriques peuvent parfaitement commander le fonctionnement d'un appareil autre qu'un appareil électrique. La commande de celui-ci est bien déjà quelque peu de la télémécanique. Il suffira que des dispositions soient prises permettant à ces ondes d'agir sur de petits dispositifs électriques, qui eux, à leur tour, laisseront arriver aux organes à commander le courant électrique fourni par des accumulateurs, ou encore l'air comprimé enfermé dans un réservoir. On voit donc tout de suite que les ondes ne fournissent pas la force motrice (ce qui arrivera sans doute quelque jour) : elles ont simplement un rôle de commande. C'est comme un fil impalpable qui mettrait à même d'ouvrir ou de fermer tel robinet, de couper ou d'établir le courant, comme on dit en matière d'électricité, et, par suite, d'arrêter ou de faire tourner un moteur électrique, d'éteindre ou d'allumer une lampe électrique.

Un des premiers qui ont tenté l'utilisation des ondes hertziennes et de ce qu'on appelle communément la télégraphie sans fil aux commandes télémécaniques, ce fut l'illustre savant Branly, qui fit des découvertes si remarquables au sujet de la « détection », de la réception, de la révélation des ondes électriques, traversant l'espace sans avoir besoin du secours d'un fil quelconque. Nos lecteurs pourront se reporter à ce qui a été dit des détecteurs d'ondes de télégraphie sans fil.

Relativement à la télégraphie électrique, c'est-à-dire à la commande à distance d'un appareil qui écrit toujours de la même manière un trait plus ou moins long, une commande télémécanique est plus compliquée. C'est qu'en effet, il est nécessaire d'envoyer des ordres divers à un appareil mécanique ordinaire. Et cela était tout particulièrement vrai pour les commandes qu'on voulait obtenir dans une torpille. On cherchait à pouvoir la faire incliner à droite ou à gauche dans sa marche, l'arrêter complètement si besoin était; on désirait également commander par des ondes électriques l'inflammation de la charge de fulmi-coton qui se trouve à l'avant de tout engin de ce genre. Et pourtant on ne disposait que de ces ondes, toujours les mêmes, tout au plus de longueur différente, émises par l'appareil que nous voyons manipuler par M. Branly dans une des gravures qui accompagnent ces lignes.

M. Branly a combiné un dispositif qui permet, avec un seul et même appareil récepteur, de commander divers mécanismes ou divers mouvements d'un mécanisme. En envoyant des ondes par l'air à un dispositif dont nous donnons également une photographie, il arrive à faire tourner un axe métallique qui porte une série de bras métalliques et de

Mise à l'eau d'une torpille.

contacts électriques. Et, suivant qu'il amène au contact tel ou tel bras par les impulsions successives causées par les ondes, un circuit électrique est fermé qui assure la mise en marche de l'appareil à commander, ou son arrêt, ou lui fait exécuter telle ou telle opération prévue.

Depuis lors, des perfectionnements ont été apportés à l'invention première de M. Branly, notamment par des jeunes ingénieurs électriciens français, MM. Lalande, Devaux et surtout M. Gabet. Celui-ci poursuit actuellement de nouvelles améliorations à cette télémécanique, à cette commande mécanique à distance, qu'il applique spécialement à la direction des torpilles. Ces inventeurs ont imaginé une torpille dont nous mettons le type primitif sous les yeux de nos lecteurs : ici nous retrouvons bien la torpille automobile elle-même, et l'on voit à une de ses extrémités l'hélice qui a pour objet d'assurer son déplacement. Mais au-dessus du corps de la torpille est un fuseau métallique qui lui est relié, et qui contient un poste récepteur des ondes électriques et aussi un distributeur des ordres transmis, pour ainsi dire, par ces ondes. Au reste, quand la torpille est immergée, elle se présente comme le montre notre gravure de la page 22. Il ne dépasse au-dessus de l'eau qu'une partie de ce que nous avons appelé le fuseau métallique, puis deux tout petits mâts qui ne sont guère visibles pour qui ne les a pas suivis au fur et à mesure qu'ils s'éloignaient. Mais les gens chargés de diriger la torpille, après avoir assuré son lancement, la suivent constamment des yeux tandis qu'elle s'éloigne. Et grâce aux ondes qu'ils envoient à propos, ils peuvent lui faire modifier sa course d'après les besoins, suivant que se déplace lui-même le but sur lequel on veut faire exploser cette torpille. Ils ont également la possibilité de faire détoner la charge de fulmi-coton exactement au moment voulu, en envoyant l'onde ou la série d'ondes nécessaires pour cela.

Nous n'avons pas l'ambition de donner par le menu une description du mécanisme qui se trouve dans un engin de cette sorte : cela nous forcerait à entraîner nos lecteurs dans un domaine beaucoup trop technique, qui ne les intéresserait guère. Nous y trouvons naturellement le récepteur classique de télégraphie sans fil, puis le distributeur des commandes à obtenir, des ordres à donner aux divers organes mécaniques de la torpille. Par des envois successifs d'ondes qui partent du poste de télégraphie sans fil installé là où l'on assure d'abord le lancement, puis la direction véritable de la torpille (et qui peut se trouver à bord d'un bateau ou à terre), on amène le distributeur dans telle ou telle position. Comme conséquence, telle manœuvre se fait dans les organes mécaniques de la torpille. On a donc la faculté de

choisir, et de faire exécuter, la manœuvre qu'on juge nécessaire pour diriger la torpille sur le but à atteindre, et aussi
pour lui faire accomplir sur ce but le rôle destructeur qui est
sa raison d'être.

Grâce aux améliorations apportées par M. Gabet à ces dispositifs si ingénieux, on a la possibilité de réparer une
erreur, si l'on s'aperçoit qu'on s'est trompé dans l'envoi d'un
ordre par onde électrique au distributeur qui commande les

Dispositif mécanique de commande à distance.

manœuvres de la torpille. Les hommes chargés de cet envoi
d'ordres à distance sont d'ailleurs continuellement renseignés
sur la position du distributeur, et ils voient pour ainsi dire
de loin quelle est la manœuvre qui est sur le point de s'exécuter. Des lampes les tiennent au courant, lampes disposées
pour être visibles d'eux et non pas de l'ennemi.

Nous n'oserions pas affirmer que l'invention ait atteint sa
forme absolument parfaite. Mais il est certain qu'on touche
au moment où l'on réalisera pratiquement et régulièrement
la commande à distance des torpilles automobiles; cela permettra de diriger sûrement le redoutable engin sur la coque
du navire que l'on voudra torpiller. La guerre en deviendra

plus redoutable encore sur mer; mais il est évident que, quant à avoir un armement militaire, on doit chercher à en

Torpille dirigée à distance.

rendre les organes défensifs et offensifs aussi effectifs et puissants que possible.

Il y a déjà un certain temps des expériences curieuses ont été faites en Méditerranée avec la torpille primitive, combinée suivant les dispositifs que nous avons indiqués; les résultats avaient été assez heureux. Mais actuellement

M. Gabet poursuit de nouvelles expériences en Seine, à
Maisons-Laffite, qui seront certainement plus concluantes.

LES SKY-SCRAPERS

Pour montrer ce que sont ces constructions, nous pouvons
en visiter une des dernières qui aient été élevées aux
États-Unis, et qui se profilent sur le ciel de New-York. Ce
nom de *sky-scrapers*, ou gratte-ciel, est donné par les Américains aux monstrueux édifices particuliers qu'ils aiment à
construire : à la fois pour étonner le Vieux Monde, faire
autrement que lui, et aussi pour tirer le meilleur parti possi-
du terrain, qui coûte si cher dans les quartiers centraux de
New-York.

On achève précisément en ce moment un nouveau *tall
building*, un de ces bâtiments monstres, qui mérite bien les
honneurs d'une courte description. Il est élevé pour le compte
de la City Investment Company, et il servira à loger une
quantité innombrable de bureaux, de commerçants ou
d'industriels de tous les genres. On ne le considère pas
comme absolument géant au point de vue de la hauteur, car
il ne compte que 33 étages dans sa portion centrale, et seulement 26 étages dans le reste de la construction ; et l'on tient
cela maintenant, à New-York, pour une hauteur assez
modeste. Le fait est qu'on a élevé, ou du moins presque terminé, un Singer Building qui a eu plus de 186 mètres de
haut ; toutefois, c'est plutôt une tour dominant un bâtiment
principal beaucoup plus bas. D'autre part, la Métropolitan
Life Insurance Co, pour se faire de la réclame, a résolu de
construire au-dessus d'un grand bâtiment un campanile qui
atteindra environ 200 mètres. Le nouveau sky-scraper dont
nous parlons n'a en tout que 145 mètres.

Mais l'édifice s'élève sur trois rues et il a une capacité
intérieure de près de 300 000 mètres cubes ; il offrira une sur-

face de planchers de 45 000 mètres carrés. On comprend qu'on pourra loger un certain nombre de bureaux dans une pareille « boîte »; et que le mouvement, la circulation de bas en haut et de haut en bas dans cette énorme construction atteindra une intensité rare.

Aussi va-t-on y installer 23 ascenseurs. Sur cet ensemble, 21 partiront du sol et iront, les uns jusqu'au vingt-sixième étage, les autres au septième ou au dixième; ce sont des ascenseurs à piston, et l'on voit d'ici la belle profondeur qu'il faudra donner au piston qui doit soulever les cabines à un vingt-sixième étage!

Pour atteindre les étages au-dessus, on devra changer de « train » au vingt-sixième étage, et prendre un des deux ascenseurs électriques qui monteront tout à fait en haut de l'édifice. Encore ne faudrait-il pas oublier, dans la contenance utilisable de l'édifice, les sous-sols, premier et second, qui descendent à 9 mètres au dessous du sol de la rue, et qui offrent une surface de 20 000 mètres carrés à louer aux clients à venir de cet édifice.

Tout l'ensemble de la construction ne pèse guère plus de 85 000 tonnes et sa carcasse métallique représente un poids de 12 000 tonnes d'acier. Il a fallu lui donner des solides fondations; elles descendent à 25 mètres environ! Pour assurer l'éclairage, le chauffage, la distribution de la force motrice dans l'édifice, on y installera une usine à vapeur d'une puissance de 2 000 chevaux. Enfin l'approvisionnement d'eau comprendra deux immenses réservoirs contenant ensemble 95 000 litres, et dont l'un se trouvera sur le toit même de la partie la plus élevée du gratte-ciel.

UN CHEMIN DE FER EN PLEINE MER

C'EST sur la côte des États-Unis qu'on va trouver cette voie peu ordinaire; et il ne fallait sans doute pas moins que la hardiesse des Américains, la confiance qu'ils ont en eux et dans les procédés de leur industrie, pour tenter cette audacieuse entreprise. Nous devons dire qu'elle n'est pas encore achevée, mais elle est en bonne voie, plus du tiers des travaux est exécuté; il n'y a pas de raison pour qu'on ne les termine pas complètement. Du reste, ce premier tiers est déjà un tour de force.

Jetez les yeux sur une carte de l'Amérique du Nord qui vous donne tout l'ensemble du golfe du Mexique, et remarquez bien (ce que vous avez fait sans doute d'autres fois) combien cet immense golfe ressemble à une mer presque fermée. Non seulement l'île de Cuba se rapproche suffisamment de Yucatan, c'est-à-dire du Mexique, pour ne laisser au sud de la Havane qu'un passage assez étroit; non seulement le détroit de Floride, qui forme le passage entre les États-Unis et cette même île de Cuba, n'est pas lui non plus de grande largeur, et se trouve comme fermé en arrière par la chaîne des îles Bahamas; mais encore la Floride lance en mer des prolongements comme pour mieux protéger l'entrée du golfe. Ces prolongements, c'est une série presque continue d'îles, d'îlots, de récifs, de bancs de sable, qui forment une sorte d'arc partant de la côte est de la Floride, et se dirigeant jusqu'à Key West; un peu plus loin, on trouve même les Dry Tortugas, qui se relient à l'extrémité de cet arc par les Marquesas Keys, et appartiennent sans doute, comme les autres îles, récifs ou bancs, à des terres jadis complètement émergées, et qui se rattachaient les unes aux autres sans solution de continuité. Ce nom bizarre de *key*, pour ces îlots, vient du mot espagnol *cayo*, qu'on traduit souvent en français par « caye ». Le principal de ces cayes est Key West, qui a une certaine étendue, possède un port relativement important, une forteresse par laquelle les Américains défendent l'entrée du golfe, et aussi une station de télégraphie sous-marine célèbre. Key West est assez proche voisin de la Havane et de Cuba, et l'on a pu aisément immerger, entre ce point et la capitale de l'ancienne colonie espagnole, un câble qui permet des communications faciles avec les États-Unis, et aussi avec l'Europe, grâce aux câbles nombreux reliant le Vieux et le Nouveau-Monde. Key West est comme une sentinelle avancée du continent nord-américain; et si une voie ferrée yankee se terminait en cet endroit, ce ne serait plus qu'un jeu ensuite et un voyage relativement simple et rapide, que de gagner de là Cuba, puis le Mexique méridional, le Centre-Amérique, et cette région de Panama où les Américains ont tant d'ambitions commerciales et autres.

A première vue, cela semble une folie que de songer à amener la voie ferrée jusqu'en pleine mer; car Key West est bien en pleine mer, et loin de la côte. Du reste, jusqu'à ces temps derniers, le chemin de fer ne venait même pas à l'extrémité de la pointe sud de la Floride, région marécageuse, au sol inconsistant, où l'on considérait comme impraticable de poser une voie ferrée. Ce rêve est en train de se réaliser; et l'on profite de la chaîne des cayes pour y construire une ligne ferrée, qui sera constamment maintenue à une hauteur d'un peu plus de 9 mètres au-dessus de la mer, établie qu'elle sera soit sur des ponts métalliques, soit sur des viaducs ou des digues de maçonnerie : franchissant les petits bras de mer qui séparent certains cayes, s'implantant sur les roches submergées qui se trouvent le plus communément à une faible profondeur sous l'eau entre les îles, et qui forment comme une chaussée continue recouverte d'une couche d'eau plus ou moins épaisse. Il faudra naturellement que tous les ouvrages supportant cette voie soient en état de résister à la violence de la mer, et aussi que les lames ne puissent atteindre les wagons qui rouleront sur cette ligne, originale s'il en fut jamais une.

Cette idée est mise à exécution, au moyen de ses

ressources personnelles, par un de ces milliardaires comme
en possèdent les États-Unis, et qui doivent leur fortune à
une audace endiablée et aux ressources tout exceptionnelles
de la Confédération. M. Flagler, qui est un des gros person-

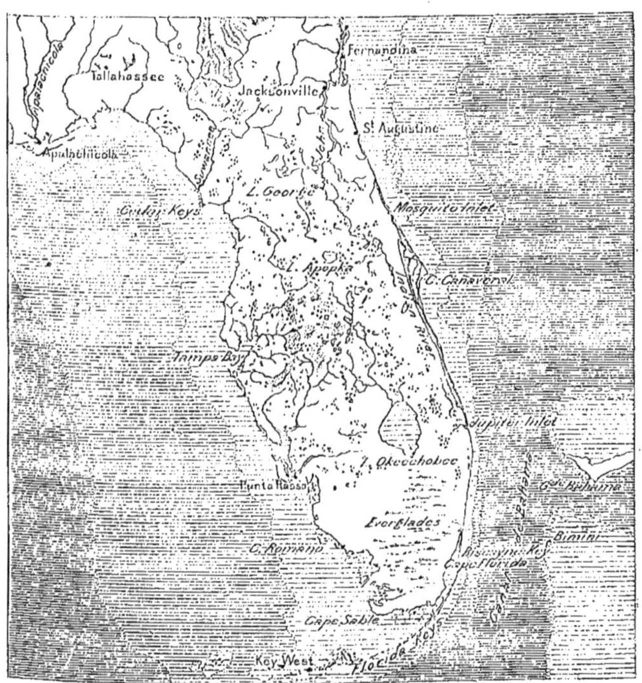

La péninsule de Floride.

nages de la Compagnie pétrolifère appelée Standart Oil, possède déjà la ligne ferrée qui dessert le littoral est de la Floride; cette ligne se termine à Miami, à la hauteur de ces
immenses marais qu'on nomme les Everglades, et derrière
une pointe de terre qui fait comme l'amorce de la courbe
des cayes : cette langue de terre forme le cap Floride, que

l'on voit nettement indiqué sur la carte. M. Flager s'est dit
qu'il y aurait une entreprise industrielle et commerciale,
aussi profitable que hardie, à prolonger, on peut dire dans la
mer, cette voie ferrée de Miami. Il a fait étudier minutieusement le projet, et celui-ci est en cours d'exécution, ainsi que
nous l'avons dit.

De Miami à Key West, le développement de la ligne
ferrée aura un développement total de 250 kilomètres à peu
près; et, entre les deux points extrêmes, elle réunira onze
îles, petites et grandes. Le plus souvent, chaque tronçon
entre deux points d'appui émergeant de l'eau à mer haute,
n'aura qu'une longueur assez faible; mais, en un certain
point, la ligne courra de façon continue, le pied dans l'eau,
sur une longueur de près de 5 kilomètres. Là où les îlots
voisinent de très près, il n'y a point de difficulté à faire
passer la ligne, au moyen d'un véritable pont d'une ouverture convenable, franchissant l'intervalle sans prendre appui
au fond de l'eau; il en est différemment là où la distance est
grande, comme sur ces 5 kilomètres dont nous venons de
parler. Mais il se trouve fort heureusement que nulle part il
n'y a une profondeur d'eau de plus de 9 mètres entre les
cayes, dans les bras de mer qui les séparent; le plus ordinairement même, la profondeur n'atteint pas 2 mètres, et fréquemment elle descend à 10 ou 20 centimètres. Et là où il y
a 9 mètres, les procédés que possède l'art de l'ingénieur, et
que nous nous efforçons de faire connaître ici à nos lecteurs,
donnent le moyen d'établir facilement au milieu de l'eau les
fondations des piles du viaduc ou du pont sur lequel on posera
la voie. D'ailleurs, lorsque la profondeur d'eau sera très
minime, on se contentera de faire une sorte d'énorme rem-
blai, une digue en roc et en terre dont le pied baignera dans
l'eau, et contre laquelle les petites vagues qui se formeront
là ne pourront rien, si l'on entretient l'ouvrage.

Sur toute la longueur de cette ligne curieuse on trouvera,
et l'on trouve déjà sur la partie qui en est construite, des
travaux de tous genres : des ponts métalliques, parfois tour-
nants pour laisser passer les bateaux qui fréquentent certains

des bras de mer entre les îles; des ponts en béton, des digues, des remblais, surtout à la surface même des îles que traverse la voie ferrée. Au départ de Miami, il a fallu établir la ligne dans une sorte de marécage au sol inconsistant : et pour cela, on a commencé par draguer le tracé qu'elle devait suivre, par y creuser une sorte de canal d'où l'on enlevait les vases, et qu'on a rempli ensuite de rochers et de sable, pour former une base solide à la plate-forme du chemin de fer. Dans l'île de Key Largo, qui est assez importante comme surface, on a trouvé un lac dont le fond était fait d'une couche énorme de tourbe; il a fallu enlever celle-ci à la drague durant quinze mois, et pour arriver au même résultat de consolidation que celui que nous indiquions à l'instant. Entre Key Largo et le caye suivant, on a établi un pont métallique tournant. On a déjà élevé, avec les pieds dans l'eau, des viaducs de béton qui ont de belles dimensions; nous pourrions citer celui qui franchit le chenal dit de Missouri Key, et qui a 2 300 mètres de long; ou encore celui du chenal de Knight's Key, qui est presque aussi long; mais le plus remarquable pour l'instant est celui qui relie Long Key à Conch Key, et qui a plus de 3 kilomètres.

Il est certain maintenant qu'on arrivera dans de bonnes conditions à Key West, et que, de ce fait, les États-Unis posséderont une gare de chemin de fer au large de leurs côtes, avec des facilités toutes nouvelles pour atteindre les Antilles et l'Amérique centrale.

LOCOMOTIVES D'HIER ET D'AUJOURD'HUI

Pour édifier le lecteur sur la transformation du matériel de la traction sur les voies ferrées, il suffit de mettre en regard une des plus grosses machines des chemins de fer modernes avec, d'une part, un des premiers engins, dus au

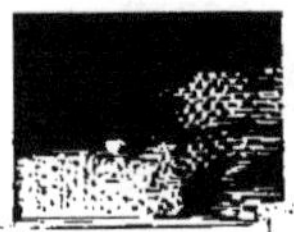

génie de l'inventeur anglais, et, de l'autre, avec un de ceux qui roulaient il y a 60 ans sur les voies françaises.

Pour comprendre les transformations de la locomotive, et cette nécessité où l'on s'est trouvé, en particulier, de lui donner un poids de plus en plus élevé, il faut bien se rendre compte de ce qu'est la traction sur rails. Ceux-ci constituent un chemin de roulement merveilleux. Sur cette voie presque idéale, il suffit d'exercer un effort de traction équivalent à un poids soulevé de 3 kilos environ, pour assurer le déplacement d'une charge de 1 000 kilos. Mais la locomotive attelée devant le train doit bien prendre un appui quelque part, pour tirer cette charge, pour exercer utilement l'effort dont nous venons de parler, si faible qu'il soit. Et cet appui elle le trouve ou doit le trouver sur le rail. On avait d'abord songé à chercher ce point d'appui sur une crémaillère placée entre les rails, ces derniers ne servant qu'au roulement. Mais on s'est aperçu bientôt qu'on pouvait se passer de cette combinaison, au moins quand la voie n'est pas très en pente; et on ne la pratique plus aujourd'hui que dans certains chemins de fer de montagne. Le métal du rail est assurément fort uni en apparence; de même, le bandage des roues de la locomotive. Néanmoins, il s'exerce une adhérence entre ces deux surfaces : tout simplement parce que ce qui nous paraît fort uni à l'œil nu présente une série innombrable de petites dénivellations, qui constituent comme autant de dents minuscules entre le rail et la roue. Celle-ci prend donc appui sur l'autre, tout comme s'il y avait un vrai engrenage entre les deux surfaces. Naturellement l'engrenage se fera d'autant plus sûrement, l'adhérence (pour employer le véritable mot) sera d'autant plus effective, que les roues pèseront davantage sur le rail : cela se comprend de reste. Et si bizarre que cela puisse sembler au premier abord, il vaut mieux avoir une machine pesante qu'une machine par trop légère, bien qu'une partie de sa puissance soit alors employée à déplacer son propre poids, et non pas seulement celui du train à traîner.

Pour imprimer aux convois une grande vitesse, il faut

aussi que cette adhérence soit très marquée; la machine patinerait, c'est-à-dire que ses roues tourneraient sans avancer ni faire avancer le convoi, ainsi que quelqu'un qui courrait sur une surface glissante aurait plus de tendances à tomber que s'il y marchait lentement. Et bien entendu, si l'on veut remorquer un train lourd, il sera nécessaire que la locomotive possède, comme on a dit parfois, de puissants poumons, qui produisent de la vapeur en grande quantité,

Une des premières machines de la Compagnie d'Orléans.

afin qu'elle puisse donner l'effort de traction correspondant à la charge qu'on prétend lui faire déplacer. Cela revient à dire que sa chaudière et ses différents organes doivent être plus robustes, présenter de plus grandes dimensions.

Et voilà pourquoi l'on est passé de cette minuscule *Fusée*, la machine de Stephenson, aux monstres actuels.

Cependant, il est bien curieux de voir que, dans les types perfectionnés de machines qu'il construisit au bout d'un certain temps, le génial inventeur anglais avait prévu en germe toutes les améliorations à venir. Mais on ne doit pas oublier non plus que la locomotive n'aurait pu produire assez de vapeur pour la traction des trains, si un Français, de génie lui aussi, Séguin, n'avait pas imaginé la chaudière tubulaire, où l'eau rencontre une surface considérable pour venir en contact des gaz chauds du foyer.

Nous avons pris comme exemple des premières locomotives la *Fusée*, qui date de 1829; en réalité, Stephenson en avait construit plusieurs autres avant celle-ci, et notamment une dès 1814. Mais cette *Blucher*, comme on la nommait, avait de nombreux défauts, et ne pouvait pas traîner plus de 30 tonnes, à une vitesse de 6 kilomètres et demi environ. D'année en année, Stephenson apporta des perfectionnements à son engin, et, en 1825, il livrait une machine absolument remarquable pour l'époque, et destinée à tirer des convois de charbon sur le chemin de fer tout nouvellement créé de Stockton à Darlington. D'un poids de 8 tonnes (nous verrons combien ce chiffre semble ridicule à côté de celui des machines les plus récentes), elle remorquait des charges de 90 tonnes, ce qui représente 3 des wagons moyens actuels, à une allure de 5 kilomètres environ à l'heure. Elle était du reste incapable de remorquer les convois sur certaines rampes de la ligne, car, suivant ce que nous indiquions plus haut, elle aurait patiné, l'adhérence eut été insuffisante.

Peu après, on se mettait à la construction d'une nouvelle voie ferrée, celle de Liverpool à Manchester; et dans le concours qui fut ouvert entre les machines de quatre constructeurs différents, ce fut, et de beaucoup, Stephenson qui l'emporta avec sa *Fusée*. Elle réussit à faire 18 à 19 kilomètres à l'heure en remorquant 20 tonnes derrière elle (y compris son tender); on parvint d'ailleurs à obtenir d'elle une vitesse de près de 45 kilomètres, en ne lui faisant, il est vrai, remorquer qu'une voiture chargée de 30 voyageurs, voiture particulièrement légère en comparaison des poids qu'on donne de nos jours aux véhicules à voyageurs. Grâce à la remarquable construction de la *Fusée*, elle atteignit même 44 kilomètres en remorquant un poids de 15 tonnes. Ce chiffre semblera ridicule à ceux-là mêmes qui ne savent pas exactement le poids des trains que remorquent nos machines modernes; mais il faut songer que la *Fusée* ne pesait pas plus de 4 tonnes et demie sans son tender, sans le petit véhicule portant l'eau et le charbon dont elle avait besoin pour assurer son fonctionnement.

La *Fusée* put demeurer en service jusqu'en 1847 sur la ligne pour laquelle elle avait été construite; elle passa ensuite sur une voie ferrée plus secondaire.

En France, vers 1839, alors que les services de chemins de fer étaient établis depuis un certain nombre d'années, nous trouvons, fonctionnant sur ces services, des machines à peu près toutes semblables à celle que l'obligeance de la Compagnie d'Orléans nous permet de mettre sous les yeux du lecteur. Nous la jugeons d'apparence ridicule, parce que nous sommes habitués à tout autre chose; et notamment cette plate-forme avec sa balustrade à jour éveille plus en nous l'idée d'un jouet que d'une machine sérieuse. Le fait est que les locomotives de l'Orléans, en 1839, n'avaient guère plus de 6 mètres et demi de long, alors que la machine du Nord qui a été mise récemment en circulation a plus de 16 mètres de long, sans tender séparé. Au reste, les quelques lignes ferrées qui existaient à cette époque sur le sol de la France, possédaient des machines qui avaient toutes à peu près ce même aspect et ces mêmes dimensions. Le chemin de fer de Paris à Versailles possédait une locomotive qui était une curiosité pour l'époque, et qui portait le nom de *Gironde* : elle était à peu près identique à celle de l'Orléans pourtant. On avait, du reste, étrangement dépassé le poids que nous avons indiqué pour la *Fusée* : la *Gironde* et ses pareilles ne pesaient pas moins de 15 tonnes et demie! Une partie seulement de ce poids reposait sur les roues motrices, et servait par suite à l'adhérence et à la remorque effective du train.

Pourtant le progrès se faisait, dans la voie que nous avons indiquée, surtout en Angleterre, où l'on avait commencé de s'occuper de cette question de chemins de fer avant tout autre pays. Et l'on n'avait pas vu apparaître sans étonnement des machines qui pesaient 22, 24, 27 tonnes même! Peu à peu, on poussait encore plus loin les choses, tout en conservant une certaine timidité en la matière. Et même en 1878, sur les réseaux français, on n'avait guère osé construire et faire circuler des locomotives pesant plus de 49 à 50 tonnes. C'était énorme par rapport aux machines de Stephenson ; c'est fort peu par rapport aux poids qui sont maintenant coutumiers, et à plus forte raison par rapport aux monstres que l'on commence d'employer... en s'en trouvant fort bien.

On était en partie arrêté, dans l'augmentation du poids des engins de traction, par la préoccupation de ne pas imposer aux voies de chemins de fer des charges trop élevées : c'est qu'en effet, sous le passage d'une machine pesant seulement 50 tonnes, les traverses successives, les pièces de bois transversales supportant la double file de rails, s'enfoncent violemment dans le ballast ; la voie plie et ondule pour ainsi dire sous cette masse en mouvement. Si elle est bien établie et élastique, comme il convient, elle reprend ensuite sa position ; mais il ne faut justement pas atteindre l'effort qui enfoncerait suffisamment les traverses pour les empêcher de se relever, et amènerait dans la voie une dénivellation dangereuse. Aussi n'a-t-on pu augmenter le poids, la puissance de traction et l'adhérence des locomotives, qu'en renforçant les voies, en les établissant au moyen de rails particulièrement solides, et surtout particulièrement lourds. Autrefois, un mètre courant de rails ne pesait pas 30 kilos ; maintenant il pèse plus de 45 kilos, souvent 50. D'autre part, les sections de rails sont extrêmement longues, 12, 16, 18 mètres, au lieu des 6 mètres qui étaient courants jadis ; et les joints étant moins nombreux, la voie est plus homogène, même sous des poids considérablement plus lourds. Les Américains, qui ne craignent pas les imprudences (la fréquence des accidents de chemin de fer chez eux le montre bien), nous ont donné l'exemple dans l'adoption des machines énormes, qui présentent toutes sortes d'avantages compensant les fatigues qu'elles font subir à la voie.

Pour répondre aux proportions de ces engins, ils ont créé des désignations spéciales qui éveillent bien une idée d'énormité : certains types s'appellent *Consolidation*, d'autres *Mastodon*. Un poids de 85 tonnes est pour eux peu de chose ;

et aujourd'hui il est courant de voir circuler sur les voies américaines des machines dont le poids s'élève à 100, 105, 130 tonnes et plus. Et cela sans le tender, qui, lui, pèse toujours au moins une vingtaine, une trentaine de tonnes. Il est logique de parler du tender à part, car ce véhicule accroché derrière le tracteur n'augmente pas le poids adhérent de la machine, pas plus qu'il ne contribue à accroître la dimension de la chaudière et des dispositifs moteurs proprement dits.

Locomotive de 105 tonnes.

Les pays d'Europe se sont mis à suivre l'exemple donné par les Américains, en se tenant dans des limites un peu plus prudentes, ou plus timides, comme on voudra. Du reste, la locomotive européenne moderne dérive directement dans ses dispositions principales de la machine américaine : elle est, comme celle-ci, très élevée au-dessus du rail et du sol; comme elle, elle a le cou court, si l'on nous permet l'expression, c'est-à-dire que son tuyau ne rappelle guère par sa faible hauteur le tuyau de la machine de Stephenson, ou même de la locomotive française de 1839 : cette cheminée est constamment rapetissée, parce que le corps de l'engin s'élève de plus en plus haut, et qu'il faut bien que le tout passe sous les ponts. L'on est arrivé enfin aux belles et grosses machines que nous voyons maintenant chaque jour attelées devant les express et les rapides, et qui pèsent quelque

75 tonnes : c'est près de dix-sept fois le poids de la *Fusée*, « sans son tender ».

Pour les voyageurs comme pour les marchandises, on augmente continuellement le poids des trains. Il est beaucoup plus économique de recourir à des convois lourdement chargés que d'en multiplier le nombre ; d'autre part, les améliorations du matériel à voyageurs entraînent une augmentation de poids.

C'est pour des trains de marchandises qu'on a combiné cette énorme machine du Nord que nous présentons au lecteur : à elle seule, elle arrive à peser 105 tonnes, en portant, il est vrai, avec elle, tous ses approvisionnements, et sans avoir besoin du secours d'un tender. Elle a du reste une forme particulière : elle est articulée, ce qui a permis de la munir de douze roues motrices, sans qu'elle présente une trop grande raideur l'empêchant de tourner dans les courbes.

Mais ne vous étonnez pas de ce poids. Si vous passiez la mer et que vous alliez aux États-Unis, vous y trouveriez en service quelques monstres, qui vont se multiplier sans doute assez rapidement. Ils pèsent un peu plus de 150 tonnes ; et en tenant compte également du tender, pour établir un total général que l'on puisse comparer avec les 8 tonnes de la *Fusée* et de son tender, on verrait que les plus puissantes locomotives du monde pèsent environ 260 tonnes, 260 000 kilos ! L'une même, toute nouvelle, atteint près de 300 tonnes.

LUXE D'AUTREFOIS ET D'AUJOURD'HUI

ON aurait vraiment tort de se plaindre de la vie moderne, au point de vue des satisfactions matérielles qu'elle nous donne, et qu'elle offre aux gens mêmes qui ne possèdent que les plus modestes ressources. Grâce aux progrès de l'industrie, des chemins de fer et des bateaux, qui nous apportent les produits des contrées les plus lointaines à un bon marché surprenant; grâce aux découvertes qui ont permis de fabriquer certaines choses à un prix qui stupéfierait nos grands-pères; mille et un objets que l'on considérait comme des articles de luxe, interdits à la grande majorité, mille et une satisfactions dont ne jouissaient que les favorisés de la fortune, sont maintenant à la disposition de tout le monde.

Les exemples sont si nombreux que les citer tous serait parcourir le domaine de toutes les industries; mais quelques exemples caractéristiques sont faciles à donner.

Il nous semble impossible maintenant de se passer de vaisselle, d'assiettes, pour les repas; et pourtant, au temps de Henri IV encore, le vulgaire ne se servait guère que d'écuelles en bois, parfois en terre, qui étaient malaisées à laver; les bourgeois aisés avaient des assiettes d'étain, et les riches recouraient à l'argent. Il ne faut pas se faire d'illusions, du reste : les assiettes d'étain, qui ont de multiples inconvénients, valaient de 4 à 5 francs de la monnaie de l'époque sous François Ier, et au moins 2 fr. 50 sous Louis XV. On avait bien à sa disposition des assiettes de faïence; mais elles coûtaient aussi cher, et nécessitaient des remplacements coûteux, à cause de leur fragilité. Ces faïences, de Nevers par exemple, étaient fort jolies pour un œil d'artiste; elles étaient moins appréciées au point de vue pratique, parce qu'elles n'avaient pas une *couverte*, un émail résistant à l'usage, comme ces vulgaires assiettes de terre de fer que possède maintenant en quantité le moindre ménage. Il ne fallait pas d'ailleurs songer à la porcelaine, malgré tous les avantages qu'elle présente grâce à sa couverte spéciale, qui non seulement est des plus résistantes, mais permet de l'entretenir bien plus aisément en parfait état de propreté. Sous la Régence, six tasses avec leurs soucoupes ne se payaient pas moins de 120 francs (nous entendons l'équivalent de 120 francs); on peut dire sans exagération que la porcelaine était plus coûteuse que la vaisselle plate, l'argenterie. Quel changement s'est produit à cet égard dans le courant du dix-neuvième siècle! Et encore la transformation, la réduction des prix se poursuit-elle continuellement sous nos yeux, sans que nous nous en rendions bien compte! Un service en porcelaine de Limoges, qui valait 300 francs en 1870, se vend maintenant 60 francs; et l'on voit, mis à la portée de tous, des objets que l'on tenait, il n'y a pas fort longtemps, pour un luxe inaccessible à la plupart des gens.

N'en est-il pas de même pour le confortable du mobilier? Autrefois on ignorait complètement l'usage du tapis; on n'aurait pas osé, même chez les grands seigneurs, fouler aux pieds ces riches tissus de laine, qui servaient uniquement à la décoration des murs. Dans les châteaux et les palais, au quatorzième siècle, on étendait à terre de la paille, ou bien on répandait du sable. Aujourd'hui la moquette, ou tout au moins le feutre, commence de se rencontrer couramment dans des intérieurs bien modestes, en les rendant plus agréables à l'œil et plus confortables vraiment.

Et pour l'éclairage, ne s'est-il pas fait une transformation considérable? La chandelle de cire, comme on disait, ce qui devait être plus tard la bougie, était à la portée des seuls gens riches; et l'on ne s'en étonnera pas, en songeant qu'elle se payait encore au moins 10 francs le kilogramme au moment de la Révolution. La chandelle de suif, si incommode que personne n'en fait usage maintenant, se vendait trois francs environ. Et c'est pour cela que, dans les campagnes, on ne s'éclairait guère qu'à la lumière du feu. Actuellement, tout le monde a à sa disposition le pétrole, quand ce n'est pas le gaz et l'électricité.

Et le papier, ce papier dont nous consommons des quantités formidables, tant pour les journaux que pour les livres, que nous employons sans compter pour les usages les plus divers! La transformation ne s'est faite pour lui que beaucoup plus tard, parce qu'on a cherché longtemps avant de trouver une autre matière première que les chiffons. En 1851 encore, on n'en produisait pas dans le monde plus de 220 millions de kilogrammes; actuellement, nous avons à notre disposition tous les ans près de 2 milliards 300 millions de kilogrammes! Et si on le consomme tellement, c'est

que son prix n'est pas le tiers de ce qu'il était il y a seulement un demi-siècle!

NAVIGATION ET BATEAUX SOUS-MARINS

Nous sommes en train, grâce aux admirables progrès de
la science et de l'industrie, de faire la conquête de
divers éléments. On possède maintenant des ballons qui
peuvent réellement se diriger, quand les conditions atmosphériques ne sont pas trop défavorables; et, d'autre part,
voici un certain temps qu'on a combiné et qu'on fait couramment naviguer des petits bateaux susceptibles de nous
promener sous l'eau, sans que nous courrions, le plus ordinairement, des dangers vraiment redoutables. Ces sous-
marins se multiplient de jour en jour dans les différents
pays; car c'est au point de vue militaire, pour cet armement
offensif que la réalité des choses impose à tous les pays, qu'on
les emploie surtout. Aussi bien, on ne voit pas jusqu'à
présent les services qu'ils sont susceptibles de rendre dans
les arts de la paix. Quoi qu'il en soit, il est intéressant de
savoir comment ils fonctionnent, sur quels principes on s'est
basé pour combiner ces curieux petits navires, qui s'enfoncent sous l'eau à volonté; comment ils se dirigent, et aussi
comment les équipages qui les montent peuvent se mettre à
l'abri des périls qui les entourent.

Si, au contraire de ce qu'on a dit parfois, ce n'est point la
France qui a possédé les premiers sous-marins susceptibles
de jouer un rôle militaire, c'est bien nous qui, pour l'instant
tout au moins, possédons le plus grand nombre de ces
bateaux. Notre marine doit en compter une quarantaine
actuellement à flot, et elle en a une cinquantaine en construction. Pour la Grande-Bretagne, les chiffres correspondants
sont de 25 et de 15; la Russie s'apprête à en ajouter 15 aux
13 qu'elle possédait déjà; les États-Unis en ont 8 et s'en font

construire 4 autres; l'Italie en possède 2 et en a 4 sur chantier; le Japon en a armé 5, et on parle de 2 nouveaux qui seront prochainement lancés; enfin l'Allemagne s'est lancée récemment dans la construction d'une flottille. La valeur militaire de ces engins offensifs a été fort discutée; et il faut avouer que, s'ils ont fait leurs preuves en temps de paix, en cours de manœuvres, au point de vue de la facilité avec laquelle on peut les amener inaperçus presque le long des flancs d'un cuirassé, on ne les a point expérimentés pratiquement dans une guerre navale. Et c'est pour cela que tant de pays ont hésité plus que nous à en faire construire un grand nombre.

On doit pressentir toutes les difficultés qu'il fallait vaincre, pour combiner un navire capable de s'enfoncer sous l'eau et de se déplacer complètement immergé, sans que son équipage fût exposé à l'asphyxie; puis de revenir à volonté à la surface et de se remettre ainsi en communication avec le monde extérieur; de savoir où il allait une fois au milieu de cette eau qui se laisse si mal pénétrer par la lumière du jour; de ne jamais être exposé à descendre trop bas, en un point où une couche d'eau trop épaisse aurait aplati par son poids les coques les plus résistantes; de se propulser, c'est-à-dire de disposer d'un moteur assurant le mouvement d'une hélice, alors que la coque devenait une sorte de boîte fermée flottant entre deux eaux.

Il va sans dire qu'il fallait abandonner les anciennes traditions, et qu'on ne pouvait donner à une coque destinée à se submerger entièrement la disposition d'une carène de bateau appelée à toujours demeurer en grande partie hors de l'eau. Et c'est ainsi qu'on a adopté ces formes en cigare plus ou moins allongé; on en revient toutefois partiellement, pour la construction de submersibles de plus grandes dimensions, qui peuvent naviguer en surface et effectuer, dans ces conditions, des parcours considérables, tout comme les navires classiques. De toute manière, la coque doit se fermer de la façon la plus complète et la plus étanche, pour empêcher l'envahissement de l'eau de se produire. On sait, par

des accidents retentissants, et l'on pouvait aisément prévoir,
quelles catastrophes étaient le résultat inévitable ou à peu
près d'une fermeture imparfaite au moment de la plongée
en pleine eau. La simple immersion complète n'était pas
aussi facile qu'on pouvait le croire d'abord. On avait songé
au procédé le moins compliqué, qui aurait consisté, une fois
la coque fermée, à charger suffisamment le bateau pour le
faire s'enfoncer : à rendre, comme on dit en physique, la

Le *Gustave Zédé*.

coque plus pesante que l'eau qu'elle déplace. Il suffisait d'ailleurs pour cela de laisser entrer de l'eau dans des réservoirs
spéciaux auparavant vides. C'était la méthode à laquelle
avait eu recours, dès 1660, un mécanicien anglais, Day, qui
avait bien pu s'enfoncer sous l'eau dans la baie de Yarmouth,
mais qui ne reparut jamais : ses pompes n'avaient pas été
assez puissantes pour rejeter l'eau qui chargeait son bateau ;
il s'en était même introduit d'autre par des joints de la coque
qui n'étaient évidemment pas étanches, et il avait succombé
avec son appareil comme cercueil. Bien plus récemment
(nous verrons combien d'inventeurs ont travaillé cette question avant d'arriver à un résultat pratique), M. Goubet avait
combiné un petit sous-marin qui s'enfonçait par disparition
au moyen d'un lest d'eau. Il se trouvait au milieu de l'eau,

ayant à peu près même densité qu'elle, et, par suite, il était sensiblement en équilibre dans la masse liquide. Mais un équilibre de cette nature n'est pas très stable, si bien que le bateau se balance constamment une fois qu'on le met en marche, tantôt s'enfonçant un peu plus, tantôt au contraire tendant à remonter. Et il pourrait bien piquer du nez tout à fait, comme on dit dans le langage maritime, ou bien se retourner, etc., tous exercices qui ne sont pas sans présenter des désagréments et des dangers pour ceux qui sont enfermés dans le sous-marin.

Aujourd'hui, les choses se passent tout différemment, et l'enfoncement, la descente du sous-marin au sein de la masse d'eau n'est pas obtenue uniquement par son alourdissement. On fait bien entrer un certain poids, un lest d'eau, dans des compartiments établis pour cela, mais seulement de manière que la coque émerge peu ; elle conserve par suite un excès de flottabilité, qui la rappellerait à la surface, si le fonctionnement de ses machines s'arrêtait, comme un bouchon qu'on aurait forcé avec la main à s'enfoncer sous l'eau. Cet excès de flottabilité n'est pas sans doute considérable, car cela aurait le gros inconvénient de nécessiter un effort énorme pour forcer cette coque à descendre sous l'eau ; mais il est, en principe, suffisant pour que la partie supérieure du sous-marin vienne émerger de l'eau, en découvrant ce panneau que l'on voit très nettement, ouvert ou fermé, dans les diverses photographies de submersibles que nous donnons. De la sorte, l'équipage a toujours à sa disposition une porte qui peut s'ouvrir hors de l'eau pour le mettre en communication avec l'air extérieur. Les accidents qui se sont produits n'infirment pas ce principe général, et d'ailleurs, il importe aux marins montant un sous-marin qui vient brusquement de remonter d'une profondeur assez considérable, de ne point se précipiter trop vite à l'air extérieur.

Quand le bateau a été suffisamment lesté, et que la portion supérieure de sa carène commence d'affleurer l'eau, c'est à ses machines propulsives qu'on demande l'enfoncement complet et à la profondeur requise. En effet, l'extérieur de cette coque est muni de chaque côté de plusieurs gouvernails horizontaux, qui forment comme des ailerons sur les flancs du bateau; et si on les incline convenablement, alors que l'hélice tourne et que le petit navire est par suite poussé en avant, il ne peut pas manquer de suivre un chemin oblique dans la masse d'eau : c'est-à-dire qu'il s'enfonce le long d'un plan plus ou moins incliné, d'après l'obliquité qu'on a donnée

Le sous-marin *Holland*.

aux gouvernails. Ces derniers agissent, au milieu de la masse d'eau, exactement comme le ferait un gouvernail vertical ordinaire sur un bateau classique, pour lui imprimer dans sa marche une inclinaison à droite ou à gauche. Sous la poussée du propulseur, la descente se continuera tant que les gouvernails du sous marin continueront d'être inclinés. Si on les met dans la position inverse, si on les relève vers la surface de l'eau, le bateau va se déplacer sur un plan incliné vers en haut : autrement dit, il tendra peu à peu à remonter à la surface, et d'autant plus vite que l'inclinaison donnée aux gouvernails sera plus grande.

Il faut du reste encore que l'équilibre du bateau soit bien assuré dans sa marche, tout comme celui d'un ballon dirigeable que pousse également une hélice ; il est essentiel que, sous la résistance que lui oppose l'eau où il plonge complètement, il ne se livre pas à des balancements, à un tangage d'autant plus dangereux qu'il peut amener le bateau à descendre plus bas qu'on ne le voudrait. Un autre danger provient de ce que l'eau ne présente qu'une transparence bien relative, surtout l'eau de mer ; et à quelques mètres devant soi le commandant ne verra plus rien qu'un mur impénétrable. Et cependant il est nécessaire de savoir à peu près où l'on va, pour ne pas venir se heurter à des récifs, à des bancs, à des ressauts du fond, qu'indiquent les cartes marines, mais qu'on n'évitera que si l'on sait la direction que l'on suit. D'autre part, au point de vue militaire, comme le but est toujours d'attaquer un bateau ennemi, de placer sous sa coque une torpille qu'on fera détoner en s'éloignant, il est essentiel de pouvoir s'approcher de ce bateau qui, lui, flotte à la surface de l'eau. Il faut donc constamment voir ce qui se passe à cette surface, constater les déplacements du cuirassé qu'on prétend torpiller.

Nous devons ajouter que la propulsion même n'était pas chose commode à assurer. Il ne fallait pas songer à employer, dans une coque complètement fermée et immergée, un de ces moteurs à vapeur ou à pétrole, qui donnent toujours des gaz de combustion, des gaz toxiques qu'il faut évacuer à la surface. Semblable moteur pouvait servir peut-être tant qu'on ne plongeait pas ; mais il fallait disposer d'une force motrice utilisable au moment où l'on ferme tout à bord et où l'on s'enfonce sous l'eau. Encore cette substitution doit-elle se faire pour ainsi dire spontanément ; car le plus souvent le sous-marin qui veut attaquer et se cacher bien vite aux observations de l'ennemi, est obligé de disparaître sous l'eau en quelques minutes. Il y aurait encore à dire (si toutes ces explications n'étaient pas un peu techniques pour nos lecteurs), que le moteur doit avoir une grande puissance, alors qu'on dispose de si peu de place dans ces coques de sous-marins : c'est qu'en effet la navigation en pleine eau oppose au déplacement d'une coque autrement plus de résistance que n'en rencontre un navire ordinaire, qui ne plonge dans cette eau que partiellement. On pressent cela rien qu'à la vague qui se forme à l'avant d'un sous-marin, à l'agitation de l'eau, même quand il navigue avec son petit pont supérieur encore en dehors de l'eau. Et nous ne parlons point des conditions difficiles de la vie de l'équipage dans un bateau si réduit : car nous allons voir comment tous les hommes du bord doivent demeurer immobiles à la place qui

Sous-marin anglais en marche.

leur est assignée, de peur de troubler l'équilibre, au moins dans les sous-marins de petites dimensions dont on s'est contenté jusqu'ici.

En présence de toutes ces difficultés, on ne s'étonnera pas de savoir que des efforts prolongés et acharnés ont été nécessaires, pour qu'il fût possible d'arriver à un résultat pratique. Et encore n'est-ce qu'à l'électricité que l'on est redevable du sous-marin moderne.

Nous avons cité plus haut une tentative faite en 1660; mais déjà en 1620 un mécanicien et savant hollandais, Van Drebbel, avait fait descendre un bateau sous l'eau. En 1634, un Jésuite, le Père Mersenne, trouva la forme en cigare comme la meilleure à adopter pour des navires de ce genre, et c'est cette forme qui a définitivement prévalu. A la suite d'essais successifs, on vit l'Américain Bushnell, en 1773, combiner un sous-marin qui renfermait en germe les principales dispositions que l'on a adoptées par la suite : à commencer par ce plomb de sécurité que l'on détache de la quille, et dont on a tant parlé lors de l'accident du *Farfadet*. Dans le bateau de Bushnell, il n'y avait qu'un homme, ce qui rendait la manœuvre étrangement compliquée. L'illustre Fulton construisit aussi un sous-marin, qu'il appela le *Nautilus*, nom que Jules Verne devait rendre encore bien plus célèbre, mais que d'autres inventeurs avaient repris avant lui. Fulton avait parfaitement réussi à demeurer plusieurs heures sous l'eau avec son équipage, et nous ajouterons que beaucoup d'autres sous-marins obtinrent ce résultat. Le plus difficile est de bien se diriger et de naviguer dans de bonnes conditions. Passant sur toutes les inventions intermédiaires, nous rappellerons que deux officiers de la Marine française, Bourgeois et Brun, construisirent vers 1860 un « plongeur », où ils avaient profité des efforts antérieurs à eux, mais qui manquait encore de stabilité. Le plus célèbre des sous-marins fut le *David*, de la Guerre de Sécession: torpilleur sous-marin inventé et utilisé par les Confédérés du Sud, et qui fit sauter le bateau amiral le *Housatonic*, qui bloquait le port de Charleston : avant d'arriver à ce résultat, il avait du reste coulé trois fois en noyant chaque fois son équipage. On sait avec quelle rage les Américains du Nord et les Américains du Sud se sont battus durant la guerre dont il s'agit : et le génie mécanique des uns et des autres s'était employé à créer des combinaisons ou des appareils aussi ingénieux, c'est-à-dire aussi destructifs que possible. Le sous-marin était du nombre; on s'était également servi de la torpille sous une forme quelque peu primitive.

C'est seulement depuis une vingtaine d'années que des progrès très remarquables ont été réalisés dans la construction de ces petits navires, notamment grâce aux recherches du Suédois Nordenfelt, dont le sous-marin est muni d'hélices verticales assurant l'enfoncement, une fois que le bateau a été convenablement lesté; les propulseurs sont actionnés à la surface par une machine à vapeur, et en plongée on se passe d'électricité, en utilisant de la vapeur mise en réserve. Un peu plus tard, on vit apparaître le *Goubet*, d'origine française; puis ce fut le *Gymnote* de Gustave Zédé, le nom de cet ingénieur ayant été ultérieurement donné à un de

Intérieur d'un sous-marin.

nos sous-marins. Ce *Gustave Zédé* date de 1892; on a imité plus ou moins ses dispositions dans les divers sous-marins qui ont été construits pour notre flotte jusqu'à ces derniers temps. Pour les submersibles appartenant aux autres pays, ils dérivent plutôt du type *Holland*, qui a été imaginé aux États-Unis, et perfectionné durant une série d'années. Nous verrons que tous les pays tendent maintenant de plus en plus à adopter une sorte de type général, comme cela se passe inévitablement en ces matières, où les secrets ne peuvent être éternellement gardés.

D'ailleurs nous ajouterons que, en France particulièrement, des expériences se poursuivent, des concours ont été ouverts, en vue de susciter des types nouveaux de bateaux sous-marins; parmi les inventions récentes, nous signalerons même un sous-marin où la navigation sous l'eau se fait uniquement à l'aide d'un moteur à pétrole. On donne à ces nouveaux sous-marins de plus grandes dimensions.

Nous en avons assez dit pour faire comprendre combien est délicate la manœuvre d'un sous-marin, et quelles précautions son commandant et son équipage doivent prendre pour ne point pâtir d'un accident. Mais nous pouvons en quelques mots indiquer les conditions de sécurité qu'il faut observer dans cette navigation si spéciale.

A l'heure actuelle, c'est le plus souvent au port, dans un abri particulier, que le sous-marin attend d'être utilisé; car, jusqu'à présent, les petits bateaux de ce genre que l'on construisait n'étaient point faits pour tenir la mer au large; c'étaient, pour employer une désignation et une distinction qui semblent quelque peu enfantines, des sous-marins et non des submersibles. On tend, au contraire, maintenant en France à recourir surtout à ces derniers. On entend plutôt par submersibles des bateaux qui sont construits dans de telles proportions et avec des formes telles qu'ils peuvent naviguer en surface même par mauvais temps : il est essentiel pour cela que, dans sa position complètement émergée, le bateau s'élève assez notablement au-dessus de l'eau, en présentant les avantages de navigabilité qui sont caractéristiques des navires ordinaires non destinés à plonger. Les spécialistes ont une expression pittoresque pour expliquer la qualité que doit présenter un bateau qui tient la mer par mauvais temps : ils disent qu'il est marin. Et on reconnaît de plus en plus que les submersibles doivent être marins. Or, les sous-marins proprement dits, avec leur petite taille, ne sont pas marins : en ce sens que, comme on le voit d'après les photographies de bateaux en marche que nous donnons, leur pont affleure presque la surface de l'eau; celle-ci pourrait pénétrer facilement par le capot, l'ouverture d'entrée

dans la coque, et certains accidents se sont produits par suite
de ce fait. Avec le submersible, le sous-marin de dimensions
plus grandes, dont le pont est notablement élevé, on peut et
surtout l'on pourra se livrer à de véritables voyages au large,
tenir la mer en surveillant l'horizon et surprendre l'ennemi
loin des côtes. On se figure qu'il ne serait point impossible
d'agir de même avec un sous-marin, en prenant la précaution

Le *Narval.*

de fermer toute les ouvertures; mais, une fois ces ouvertures
closes, on est obligé de recourir au moteur électrique pour
assurer la marche, et les accumulateurs qu'on emploie dans
ce but se déchargent assez rapidement; d'autre part, l'équipage vit dans un milieu où l'air respirable lui est fourni par
des réservoirs qui se videront assez vite, et qu'on n'aura pas
la possibilité de remplir de nouveau si l'on est loin du port.
La vie des hommes serait du reste intenable, si elle se pour-
suivait longtemps dans ces conditions, lors même qu'on
disposerait de réserves suffisantes d'air, de courant et
d'approvisionnements. Au surplus, le bateau serait un peu le
jouet des flots, et l'on n'arriverait qu'assez mal à le diriger,

étant données les difficultés que l'on aurait d'observer la surface de la mer et d'éviter les chances de collisions ou d'échouement pendant un très long parcours.

En tout état de cause, il arrive un moment où submersible et sous-marin doivent s'enfoncer dans l'eau de façon à ne plus être visibles, ce qui est leur raison d'être. Il ne peut être alors question pour les hommes de demeurer sur le pont, pas plus que de laisser ouverte la moindre des ouvertures qui assuraient l'accès de l'air extérieur dans la coque, ou l'évacuation du moteur au dehors. On commence donc par arrêter ce moteur, qu'il soit à pétrole ou à vapeur, comme c'est le cas fréquent, et l'on embraye sur l'hélice le moteur électrique : nous verrons l'avantage qu'il y a à posséder ces deux espèces de moteurs. A l'avant du pont est une sorte de tourelle métallique blindée, qu'on nomme généralement le kiosque; c'est par là que l'on descend dans le sous-marin, et c'est là aussi le poste où commandant et timonier peuvent se tenir en observation, regardant par les hublots qui sont ménagés tout autour de cette tourelle. Le dôme qui était ouvert en haut du kiosque va être fermé hermétiquement : on sait quelles conséquences terribles a eues une fermeture défectueuse ou trop tardive à bord du *Lutin*. C'est à ce moment seulement que l'on doit prendre les mesures pour la plongée, tout cela se suivant à court intervalle, si l'attaque doit se faire rapidement, si l'on veut se masquer bien vite à la vigie de l'ennemi. On ouvre donc les prises d'eau, et le lest liquide envahit les compartiments à ce ménagés. L'opération doit être surveillée de très près par le commandant, effectuée mathématiquement par l'équipage, car il ne faut pas alourdir exagérément le bateau : il suffit que son kiosque continue seul à paraître au-dessus de l'eau, ce qui signifie que le sous-marin garde un peu de flottabilité pour assurer son émersion en cas d'arrêt du moteur, ou d'autre danger nécessitant la remontée à l'air libre. C'est assez funèbre que d'entendre le bruit de l'eau qui pénètre dans les compartiments et qui semble envahir tout et menacer de submersion définitive; et ceux qui ne sont pas habitués à la plongée se sentent pris d'une inquiétude que maîtrisent seuls le respect humain, et aussi le calme des marins habitués à ces promenades sous l'eau. Tant que ce sera possible, on demeurera avec le kiosque hors de l'eau, car de la sorte on peut surveiller directement la mer comme à bord d'un navire ordinaire, et rien ne vaut cela. La respiration se fait dans de bonnes conditions, grâce aux réservoirs d'air comprimé. Des précautions sont prises pour que les accumulateurs ne laissent pas échapper des fumées acides dans cette atmosphère confinée, et aussi pour que l'essence du moteur (si l'on dispose d'un moteur de ce genre pour la marche à air libre) ne se répande pas à l'intérieur des chambres, de manière à former mélange explosif.

Il ne reste plus au timonier qu'à donner une certaine inclinaison aux gouvernails horizontaux, inclinaison qui lui est indiquée par le commandant suivant la profondeur à laquelle il estime bon que l'on descende sous l'eau. Cela fait, le bateau descend peu à peu sous l'impulsion de l'hélice, et l'on remettra les gouvernails dans une position horizontale pour se maintenir à la profondeur voulue, quand on l'aura atteinte. On a trois procédés pour se diriger alors. D'abord le compas, c'est-à-dire la boussole, qui permet de maintenir constamment l'axe du bateau dans une direction que l'on aura reconnue comme utile avant la plongée complète; on se sert aussi du gyroscope, instrument analogue à certaines toupies que l'on vend dans les magasins de jouets, et qui a la particularité de continuer à tourner toujours dans le plan où il a été lancé, en dépit des déplacements du support sur lequel il sera posé. Ici, le bateau où il est installé pourrait obliquer à droite où à gauche, le gyroscope n'en continuerait pas moins à indiquer la direction sur laquelle il a été orienté au début : c'est dire qu'on a le moyen matériel de constater immédiatement si le petit bateau s'écarte de la voie droite. Enfin, ce qu'il y a de plus utile pour le sous-marin ou submersible, c'est le périscope, qu'on a appelé pittoresquement l'œil du sous-marin, et qu'il a cet avantage de pouvoir projeter à bonne distance de lui, au-dessus de la surface de la couche d'eau sous laquelle il navigue.

Tandis que le bateau avance, le commandant, tout en surveillant le fonctionnement général des appareils, en s'assurant
notamment que l'on ne descend pas ou que l'on ne remonte
pas de façon imperceptible, au milieu du ronflement de la
machine électrique qui actionne l'hélice, a l'œil au périscope.
C'est un tube métallique de diamètre assez modeste, mais de
plusieurs mètres de long; il sort de la coque verticalement et
l'on doit s'arranger de manière qu'il dépasse la surface de
l'eau de 20 ou 30 centimètres. Par sa partie inférieure, le
périscope vient présenter à l'œil du commandant une sorte
d'oculaire qui lui permet d'examiner un miroir incliné ou un
prisme de cristal monté au bas de l'appareil. Le fonctionnement de cet instrument est basé en effet sur l'emploi de
miroirs à 45 degrés, que connaissent bien ceux qui ont fait
un peu de physique. Tout ce qui se trouve à la surface de la
mer et en avant de l'ouverture du périscope, vient se reproduire sur le miroir supérieur; puis les images ainsi formées
descendent pour ainsi dire dans l'intérieur du tube, et se
réflètent sur le miroir inférieur, pour arriver ensuite à l'œil du
commandant. C'est comme s'il voyait directement l'horizon
en avant du chemin qu'il parcourt sous l'eau. Il peut du reste
observer tout aussi bien sur les côtés ou derrière, en faisant
tourner le tube et les miroirs, de façon que l'ouverture de
l'espèce de petite lanterne qui termine le périscope par en
haut soit dirigée vers telle ou telle partie de l'horizon.

Au surplus, si le tube du périscope est parfaitement imperceptible à une distance même fort réduite, il faut bien vous
figurer que le dôme du kiosque ne serait pas visible à quelques centaines de mètres pour les observateurs les plus
exercés. Aussi, brusquement, le commandant pressera-t-il
tel ou tel bouton, agira sur telle manette, pour faire émerger
le sous-marin et avoir la vue directe de la mer par les hublots
du kiosque : il jugera ainsi exactement de la route qu'il a
faite, malgré tout, légèrement, à l'aveuglette. Pour cette
remontée, il aura pu donner l'ordre d'incliner les gouvernails vers la surface de l'eau, ou commander aux mécaniciens qui dirigent le moteur électrique de stopper les

machines, et la flottabilité du sous-marin le fera remonter automatiquement. Quand le commandant se sera repéré avec certitude, il ordonnera une nouvelle manœuvre de descente, qui s'effectuera avec la plus grande simplicité et la plus grande rapidité, sans que personne pour ainsi dire ait bougé de sa place, les 12 hommes environ de l'équipage gardant généralement le silence au milieu d'une température quelque

Le *Lutin*.

peu étouffante de 25 degrés, et sentant que le moment de l'attaque approche.

Il y a beaucoup de chances pour que celle-ci se fasse sans que le minuscule navire ait été aperçu, sans que les vigies aient reconnu son périscope ou le haut du dôme au moment où le sous-marin émergeait pour prendre sa direction définitive. Aussi bien, il est malaisé d'atteindre avec l'artillerie un but si mobile et si petit; et quant à le frapper sous l'eau, il n'y faut pas songer, car le matelas liquide forme un cuirassement précieux. En tout cas, le sous-marin n'a pas besoin de venir toucher le navire qu'il veut torpiller : les torpilles qu'il porte, le plus souvent à l'intérieur de sa coque, sont des engins automobiles, auxquels il suffit de donner l'impulsion première. Mais nombreux sont les exemples, dans les manœuvres (seul domaine qui jusqu'à présent ait permis de faire des observations en la matière), où un sous-marin a pu passer sous la coque même du grand navire qu'il faisait le simulacre de détruire.

Cela ne signifie pas qu'il ne faille un grand courage pour s'enfermer dans ces sous-marins, et se lancer ainsi à la poursuite de l'ennemi, au milieu des risques que fait courir la navigation sous l'eau : des accidents retentissants, un peu dans toutes les flottes, ont montré que si les sous-marins méritent confiance à l'heure actuelle, il ne faut pas commettre la moindre imprudence à leur bord ; il ne faut pas que leurs appareils présentent le plus petit défaut, le plus léger raté, si l'on ne veut pas que des catastrophes redoutables se produisent. A bord du *Farfadet*, le capot n'est pas hermétiquement fermé, l'eau envahit la coque, les pompes ne peuvent chasser suffisamment vite cette eau ; et le bateau, par trop alourdi, est mis dans l'impossibilité de regagner la surface de l'eau. Parmi ses sous-marins, la Grande-Bretagne en possède qui portent comme désignation la lettre A et un numéro : l'un d'entre eux, le A1, est venu se heurter sous l'eau à la coque d'un grand navire qu'il n'avait pas aperçu ; et le kiosque, démoli partiellement, a laissé pénétrer l'eau à flots. Pour l'A8 on marchait en surface à bonne vitesse, et naturellement capot ouvert : il s'est produit une de ces oscillations longitudinales, auxquelles nous avons fait allusion ; le haut du kiosque s'est trouvé amené brusquement au niveau de l'eau, et celle-ci a envahi la coque. En pareil cas, on est perdu si l'on n'arrive pas à faire reprendre son horizontalité au bateau avant qu'une quantité trop considérable de liquide soit venu le surcharger, et le faire enfoncer définitivement. Lorsqu'un choc a causé une plongée brusque sans voie d'eau, on a du moins la ressource, si rien n'a été dérangé à l'intérieur du petit bateau par le choc même, de détacher les plombs de sûreté : c'est comme quand on jette du lest de la nacelle d'un ballon, et le sous-marin remonte brusquement.

L'important est d'éviter soigneusement tout ce qui peut amener le petit bateau à couler; car, pour réduites que soient encore les dimensions de ces sous-marins de 30 ou 40 mètres de long que l'on emploie un peu dans toutes les flottes, il est très difficile ensuite de les retirer du fond de l'eau : on en a eu des preuves, même pour des accidents survenus par des profondeurs assez faibles.

Nous n'allons pas passer en revue les sous-marins ou submersibles des diverses puissances : comme on peut juger d'ailleurs par les gravures que nous donnons, ils se ressemblent beaucoup. Partout on a renoncé à ne plus employer que l'électricité comme agent moteur, en surface aussi bien qu'en plongée, ce qu'on avait fait primitivement. Et dans le premier cas, quand on peut laisser le capot ouvert, on utilise une machine à vapeur ou un moteur à pétrole, en lui faisant actionner au besoin une machine génératrice d'électricité qui recharge les accumulateurs dont on dispose pour la marche sous l'eau.

Mais nous signalerons une transformation importante qui se prépare dans la flotte des nouveaux sous-marins français, et qui sera sans doute suivie par les autres pays. Ce sont bien maintenant de vrais submersibles dont on va enrichir notre marine : non seulement ils auront une tenue à la mer particulièrement bonne, un pont relativement fort élevé au-dessus de l'eau pour la marche en surface; non seulement ils seront beaucoup plus longs que nos plus grands sous-marins actuels; mais ils auront à bord d'excellents aménagements pour l'équipage : postes de couchage, cuisines, et tout cela parce qu'ils sont destinés à faire de vrais voyages, à s'éloigner des côtes, à parcourir près de 3 000 milles marins sans refaire leurs approvisionnements. Ajoutons que leurs machines leur donneront une allure de 15 milles en surface et encore de 10 milles sous l'eau, tandis que les sous-marins actuels ne peuvent jamais marcher à plus de 5 milles à l'heure. Peut-être l'avenir nous réserve-t-il la surprise de cuirassés pouvant plonger en sous-marins.

LES PROGRÈS DE LA TÉLÉGRAPHIE
SANS FIL

L E temps passe vite, et l'on ne se rend certainement pas compte que la télégraphie sans fil est déjà une découverte relativement vieille. C'est à juin 1896 que remonte le dépôt du brevet de Marconi, qu'on peut considérer réellement comme le créateur de la télégraphie en question ; bien qu'il ait été aidé puissamment dans ses découvertes par les recherches d'autres savants, et particulièrement de notre compatriote M. Branly.

Aussi bien, on ne saisit pas bien tout d'abord la révolution qui se préparait ainsi et l'importance que devait avoir un jour ce mode de transmission des messages sans le secours du moindre fil, pour la téléphonie en même temps que pour la télégraphie proprement dite. Ce n'est pas à dire, toutefois, que l'invention de M. Marconi ait dès aujourd'hui atteint la perfection, ou tout au moins une forme à peu près définitive ; jusqu'à ces temps derniers mêmes, la télégraphie sans fil était demeurée dans l'enfance. A la suite de M. Marconi, divers inventeurs se sont lancés dans la même voie, et ont combiné des appareils et dispositifs qui assurent à peu près les mêmes résultats que ceux de l'illustre Italien. Sans parler de l'invention récente de M. Poulsen, que nous expliquerons tout à l'heure, il y a en service sur les côtes des divers pays civilisés, et sur les grands navires transatlantiques ou de guerre, des appareils de télégraphie sans fil répondant à trois ou quatre types, et offrant à peu près tous les mêmes avantages et aussi les mêmes inconvénients relatifs. Ces appareils sont installés à terre dans au moins 400 stations, et, rien que dans les marines de commerce (sans parler des marines de guerre), il y a bien 250 navires pouvant communiquer soit entre eux, soit avec les stations côtières que nous venons d'indiquer.

Ce sont là des chiffres imposants, surtout pour une invention dans l'enfance, comme nous disions plus haut; et nous sommes bien loin des premières expériences faites par M. Marconi, quand il avait réussi à établir des communications suivant son système à travers le canal de Bristol, entre Lavernoch et Flat Holm. La distance entre ces deux points était d'un peu moins de 5 kilomètres! C'étaient dès lors les ondes hertziennes que l'on utilisait, en appliquant le principe des radiateurs et de la télégraphie à distance modernes; mais il fallait trouver moyen de lancer commercialement cette invention, de lui permettre de franchir des distances autrement considérables; et, en outre, d'accorder l'appareil transmetteur et l'appareil récepteur de façon qu'ils soient faits l'un pour l'autre, et que le second, par exemple, ne se laissât pas impressionner par des ondes émanant d'un autre poste que celui avec lequel il est d'accord et doit être en relations normales. C'est là ce qu'on appelle le problème de la syntonisation, qu'on ne peut pas encore du reste, même à notre époque, considérer comme absolument résolu. Les ondes lancées d'un poste de télégraphie sans fil ont une longueur déterminée, qui dépend de la nature et de la constitution de l'appareil transmetteur; il faudrait donc, pour réaliser la syntonisation, que le poste récepteur correspondant ne se laissât influencer que par les ondes de la longueur adoptée pour le poste expéditeur. Et, jusqu'à présent, les récepteurs n'ont que trop de tendances à ne point faire de sélection, à prendre, à enregistrer télégraphiquement tout ce qui leur arrive, ondes longues ou ondes courtes, parvenues à travers l'espace sans se nuire les unes aux autres, et qui impressionnent simultanément le récepteur en donnant lieu à un enregistrement de signaux incompréhensible en fait.

Tant que les postes de télégraphie sans fil n'étaient pas multipliés, il n'y avait pas grand inconvénient à ce manque d'accord, de syntonisation : il n'y avait pas beaucoup de chances pour qu'un appareil récepteur reçut en même temps des ondes de longueurs différentes provenant de postes expéditeurs divers. Et c'est pour cela que, en attendant ce perfectionnement pourtant si désirable de la télégraphie sans fil, les usages de celle-ci ont commencé de se multiplier: des stations se sont créées de côté et d'autre; et l'on s'est mis à tirer parti pratiquement et commercialement de cette admirable invention. On peut lire aujourd'hui dans les journaux maritimes que tels et tels paquebots en partance sont munis de postes de télégraphie sans fil, et qu'ils seront jusqu'à telle date dans le rayon d'action d'un poste transmetteur installé à terre; poste dont on donne l'indication, afin que jusqu'à cette date on puisse, au moyen de la télégraphie ordinaire, transmettre à ce poste de télégraphie sans fil une dépêche à destination du bateau considéré. Cette dépêche rejoint le navire en plein Océan, quand la terre est perdue de vue depuis déjà assez longtemps, et les bureaux télégraphiques ordinaires connaissent dès maintenant les tarifs et conditions d'envoi de ces télégrammes maritimes.

Toutes sortes de perfectionnements ont été apportés au système, en dehors de la question de la sélection des ondes, de la syntonisation, pour employer le mot caractéristique. C'est ainsi, par exemple, qu'on est parvenu à se servir de récepteurs téléphoniques, pour « recevoir au son », par le bruit court ou long que perçoit l'oreille, les ondes courtes ou longues émises et correspondant aux points et traits de l'alphabet Morse. Cela permet de se passer du secours du cohéreur, dont le prototype est dû à M. Branly, et qui est toujours difficile à régler. La vitesse de réception des dépêches nouvelles est considérablement augmentée, et aussi la simplification de l'installation d'un poste télégraphique ou radiographique, comme on dit maintenant. Nous devons d'ailleurs noter, à propos de récepteurs téléphoniques, que des expériences très intéressantes, et déjà assez probantes, se poursuivent pour réaliser la téléphonie sans fil : c'est-à-dire pour établir des conversations à distance sans les conducteurs matériels que l'on tenait jusqu'ici pour nécessaires. C'est en Allemagne surtout que se poursuivent ces essais, avec le secours d'un appareil analogue à celui qui a été combiné par M. Poulsen pour la production d'ondes hertziennes d'une longueur à peu près exactement déterminée.

Ce qui prouve bien le développement déjà pris par les communications radiotélégraphiques, et l'importance du rôle qu'elles sont appelées à jouer, c'est la Conférence internationale qui s'est tenue récemment, et qui a pour but de régler les conditions dans lesquelles les messages nommés « marconigrammes » quand ils sont transmis par des appareils Marconi, seront échangés d'un pays à un autre. Cette Conférence s'est réunie à Berlin, et cela s'explique assez bien par la multiplication des postes de radiographie en Allemagne.

Lors de cette Conférence de Berlin, les représentants des diverses nations ont été conduits précisément à visiter une des plus importantes stations de télégraphie sans fil allemandes, à coup sûr la plus nouvelle, et dont, par conséquent, il est intéressant de dire quelques mots, pour bien faire comprendre l'installation d'une station de ce genre. Il s'agit du poste créé à Nauen, tout près de Berlin, par la Compagnie dite Telefunken. Il est établi d'après le dernier mot du progrès, et a fait récemment ses preuves dans des conditions fort intéressantes, en demeurant en communication avec le transatlantique *Bremen*, dans son voyage d'Allemagne à New-York, jusqu'à une distance de plus de 2 300 kilomètres de ce poste. Les messages aériens que recevait le récepteur téléphonique du bord avaient parcouru la plus grande partie de cette énorme distance au-dessus du sol même du continent européen : et les transmissions sont toujours plus difficiles dans ces conditions, parce qu'on risque de voir les ondes se heurter à des obstacles, ou se mêler à d'autres.

Cette Compagnie Telefunken est une entreprise de grande importance, qui possède actuellement quelque chose comme 350 à 360 stations construites ou en cours de construction. On en rencontre une, par exemple, à Scheveningen, port de pêche et ville de bains bien connue, près de la Haye : cette station appartient au service des postes hollandais, et on n'y a que des ambitions assez modestes, puisque normalement on ne veut se mettre en communication qu'avec des navires

se trouvant à 350 kilomètres;
en fait, on dépasse fréquemment cette portée, et l'on
arrive parfois à 800 kilomètres. Les antennes, c'est-à-
dire les fils aériens fixés à de
hautes mâtures fichées en
terre, et qui ont pour objet
d'émettre dans l'atmosphère
les ondes électriques qui se
répandront ensuite de tous
côtés, notamment vers le
navire avec lequel on désire
communiquer, sont dispo-
sées ici de manière à former une sorte de toit.

De multiples dispo-
sitions sont adoptées
pour ces antennes :
tantôt ce sera une
espèce d'om-
brelle ou de
parapluie à
demi dé-
ployé,

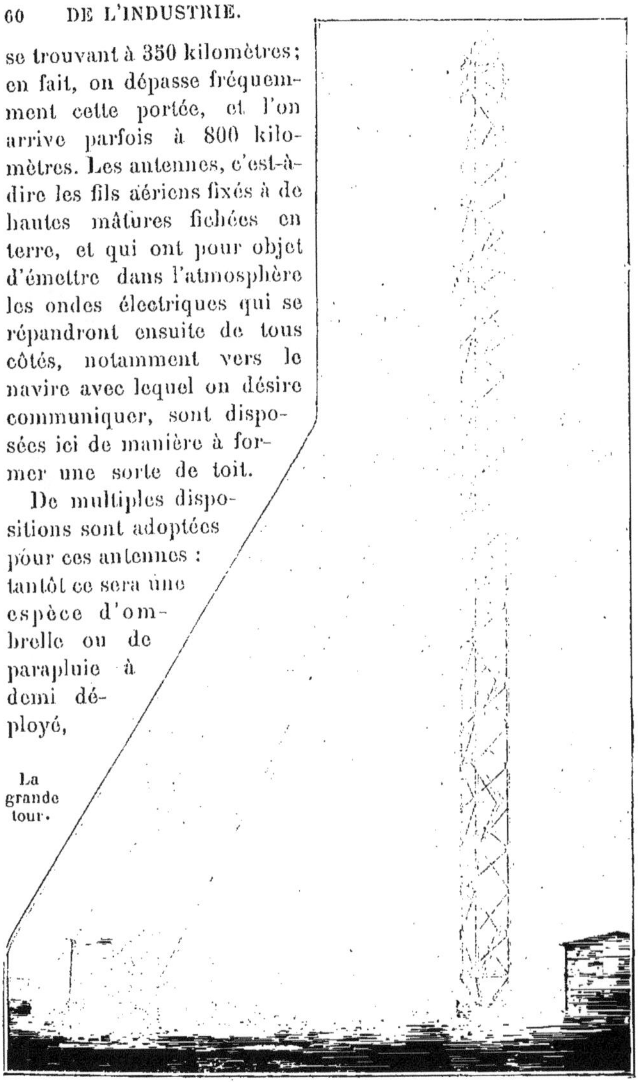

La
grande
tour.

les fils étant disposés à peu près comme les baleines et les
petites tiges qui assurent l'ouverture et la fermeture du
parapluie. La forme choisie dépend de la longueur des

L'articulation du bas de la tour de Nauen.

ondes que l'on veut envoyer, et nous n'avons naturellement
pas la possibilité d'insister ici sur ces différences. Si nous
visitions le poste de télégraphie sans fil installé à Cuba par la
Compagnie Telefunken, tout près de la Havane, à Mariel,
nous trouverions quatre tours en bois dressées aux quatre

coins d'un grand carré, et, supportant les antennes (qui sont
bien faites de fils, en dépit de la désignation qu'on donne à
cette télégraphie) : mais le développement de ces fils est bien
faible par rapport à celui qui est nécessaire normalement pour
relier deux stations de télégraphie. Les antennes de la station
de Mariel sont disposées en forme de pyramide quadrangu-
laire renversée. Chacune des tours n'a pas moins de 48 mètres
de hauteur.

Le gouvernement turc, qui n'est pas toujours adversaire
du progrès, a fait installer des postes de radiotélégraphie à
Derna, dans la province de Tripoli, et sur la côte d'Asie
Mineure, à Patara, à peu près en face de Rhodes; ici, les
tours ont plus de 60 mètres de haut.

La station de Nauen, dont nous avons promis de donner
une description, et à laquelle se rapportent les diverses photographies que nous reproduisons, est la première grande
station de radiotélégraphie établie au beau milieu des terres
et très loin des côtes. Et pourtant, bien que les ondes aient
à traverser une distance de plus de 900 kilomètres pour
atteindre l'Atlantique, la transmission des radiogrammes se
fait dans d'excellentes conditions, grâce à la disposition des
antennes, qui sont montées en « parapluie ».

Quand on va par chemin de fer de Berlin à Hambourg, et
qu'on a passé la gare de Nauen, qui se trouve elle-même à
une quarantaine de kilomètres de Berlin, on voit bientôt se
profiler sur l'horizon la tour de la station radiotélégraphique,
qui est comme le manche gigantesque du parapluie dont nous
avons parlé. Nous donnons une vue de cette tour métallique
qui montre son aspect caractéristique. Dans les plaines
marécageuses et absolument plates que l'on traverse, elle
semble une immense aiguille qui pointe vers le ciel et paraît
presque toucher les nuages. L'établissement de cette haute
construction, qui n'a pas moins de 100 mètres, a été rendu
fort difficile du fait que le sous-sol est plein d'eau; mais cela
a des avantages au point de vue de la conductibilité électrique
et de la transmission des messages. Du sommet, descendent
les antennes, mettons les baleines du parapluie, qui ont une

portée de près de 180 mètres. Cette tour constitue un but admirable pour les coups de foudre, et elle a été frappée trois fois durant sa construction ; comme de juste on a pris des précautions toutes spéciales pour empêcher le tonnerre de pouvoir blesser l'opérateur qui manipule les appareils transmetteurs ou récepteurs, et qu'une de nos illustrations montre

Un coin de la salle des appareils à Nauen.

au travail. On a tout fait pour s'assurer le succès dans cette installation hors de pair ; et, alors que la tour n'était qu'à mi-hauteur, on l'a essayée au point de vue radiographique, à l'aide d'antennes provisoires ; à ce moment, on se mit en relations par ondes hertziennes avec le plus haut sommet des montagnes du Harz, qui est à plus de 160 kilomètres de là. Quand la tour eut atteint sa pleine hauteur, on commença aussitôt des communications (qui se continuent toujours) avec Saint-Pétersbourg.

Nous n'avons pas besoin de faire remarquer que la construction est triangulaire, et composée de trois montants métalliques reliés par un treillis également métallique. Elle se termine inférieurement par une partie pyramidale, qui lui permet de reposer sur un massif de béton par l'intermédiaire d'une sorte de grosse bille métallique destinée à ce que la tour, ainsi que les fils métalliques qui forment les baleines du parapluie, puissent se dilater sans inconvénients. Grâce à un escalier, on monte jusqu'en haut du manche du parapluie, et l'on comprend que cela peut être utile dans bien des circonstances, notamment pour rattacher les fils des antennes qui viendraient à se casser. Ces fils sont au nombre de 170, et ils se fixent au sol, suivant un cercle

Un operateur.

dont la tour est le centre, par l'intermédiaire de dispositifs isolants qui se retrouvent au pied de la tour même, et empêchent les ondes lancées dans les antennes par l'appareil transmetteur d'un autre poste, d'aller se perdre inutilement dans le sol. On peut voir, dans une des gravures qui accompagnent ces lignes, trois gros fils métalliques, de vrais câbles, qu'il ne faut pas confondre avec les antennes, et qui, en réalité, ont pour but de maintenir la tour même, sans jouer aucun rôle électrique.

Ils se fixent à cette tour à une hauteur de 75 mètres au-dessus du sol, et ils viennent se terminer dans ces sortes de petites maisons qu'on voit dans la photographie, et qui sont en réalité des blocs de briques.

Le parapluie gigantesque de ce bureau télégraphique ne couvre pas moins de 60 000 mètres carrés. Au pied de la tour, on a disposé des tiges de fer en un véritable réseau couvrant une surface presque double, pour mettre la station où sont les appareils en relation avec la terre ; les tiges métalliques employées dans ce but représentent un développement fantastique de 54 kilomètres. Le poste de télégraphie proprement dit est un bâtiment à un étage, qu'on voit tout près de la tour, et qui est complété par un bâtiment où se trouve une machine à vapeur. C'est qu'en effet il faut un engin de 35 chevaux pour commander une dynamo, ou plus exactement un alternateur électrique, fournissant le courant qui servira à produire les décharges nécessaire à la radiotélégraphie.

Au premier étage, sont disposés les appareils à haute tension engendrant les décharges qui donnent naissance aux ondes électriques, lesquelles, suivant leur durée, iront impressionner au loin les appareils récepteurs d'une autre station, sous forme de traits et de points de cet alphabet Morse qui a fait partout fortune. Au rez-de-chaussée est établi le poste des télégraphistes, dont nous donnons une photographie, où les opérateurs reçoivent dans les appareils spéciaux les messages venant d'autres stations ; c'est là aussi qu'ils manœuvrent les manettes, laissant passer le courant, dans des conditions convenables, des énormes « bouteilles de Leyde » installées au premier étage, jusqu'au sommet de la tour et à ses ramifications en parapluie. Bien entendu, ces bouteilles sont construites de façon particulière, et l'on n'en compte pas moins de 360, groupées en huit rangées : ce sont en fait des tubes de verre, mais d'un verre particulier, revêtu intérieurement et extérieurement, de papier d'étain ; la combinaison électrique nécessaire comporte, en outre, de grandes bobines d'induction, que l'on voit au premier plan de la photographie. La tension du courant, qui ne dépasse pas celle des installations ordinaires d'éclairage quand l'électricité vient d'être produite par la machine, s'élève ensuite au voltage énorme de 100000 volts. Quand la station travaille à pleine puissance, les décharges qui donnent naissance aux ondes se font avec un bruit de tonnerre, et sous forme d'un ruban de feu, gros comme le bras, d'une blancheur éblouissante.

Bien entendu, suivant qu'il s'agit de transmettre des télégrammes, ou d'en recevoir, on relie soit le transmetteur, soit le récepteur au parapluie dont nous avons donné la description, et grâce à la manœuvre d'un levier.

Nous avons, plus haut, laissé entendre d'un mot les difficultés en présence desquelles on peut se trouver, si le récepteur ne se refuse pas à enregistrer des ondes d'une longueur autre que celle pour laquelle il est fait. Il fallait combiner un appareil qui s'y reconnût pour ainsi dire entre les différentes ondes (et, par conséquent, les divers messages) qui peuvent lui parvenir, et n'enregistrer que celles qui partaient d'un poste destiné à communiquer avec lui. Or, ce problème, M. Poulsen semble l'avoir résolu. A la vérité, pour arriver au résultat, et pour produire une décharge et les ondes électriques qui doivent se transmettre à longue distance à travers l'atmosphère, le savant Danois ne se sert plus du résonateur de Hertz, mais bien de ce qu'on appelle l'arc musical de Dudell. Cet arc est un arc électrique ordinaire, comme en émet une de ces lampes à deux charbons et à globe que nous voyons brûler sur les places publiques ou dans les usines, les gares, pour éclairer de vastes espaces. Si, dans le voisinage de cet arc, on fait passer un courant électrique alternatif, c'est-à-dire changeant continuellement de sens, l'arc se met à produire des ondes, tout comme l'appareil de Hertz, mais bien plus parfaites et régulières. Et comme ces ondes ne sont pas assez rapides pour la télégraphie sans fil (il n'en est émis, en effet, qu'une trentaine de mille à la seconde, ce qui est considéré comme rien en la matière), M. Poulsen a eu l'idée de faire brûler l'arc dans du gaz d'éclairage : cette seule modification fait que la fréquence des ondes atteint près d'un million. Et avec ces ondes, dont on règle la longueur de façon fort curieuse, on arrive à ce qu'un récepteur recevra pour ainsi dire uniquement les ondes pour la longueur desquelles il aura été réglé; réglé, par exemple, pour 600 mètres de longueur, il se refusera à recevoir des

Appareils à haute tension servant à la télégraphie.

ondes qui aient plus de 606 mètres ou moins de 594. Et comme les différences des ondes envoyées par les divers postes, et qui sont susceptibles de parvenir à des postes auxquels elles ne sont pas destinées, sont normalement bien plus marquées que cela, il en résulte que chaque poste est maintenant à même de ne plus voir ses correspondances troublées, et de recevoir facilement les radiogrammes expédiés par ceux-là seuls qui veulent communiquer avec lui.

Les progrès sont tels en cette matière qu'on espère résoudre le problème de la communication des trains en marche avec les stations.

TURBINES A EAU, TURBINES A VENT, TURBINES A VAPEUR

L A turbine est de plus en plus en train de se substi-
tuer à la machine à vapeur ; et nous voudrions montrer
tout à la fois les différences qui séparent ces deux genres
de moteurs à vapeur, machine à piston et turbine, et
rappeler les origines de celle-ci, que nous retrouvons dans
la catégorie des moteurs hydrauliques ou des moteurs
à vent ; enfin donner quelques indications sur les applications déjà gigantesques que l'on fait de cet engin, né pour
ainsi dire d'hier, comme moteur à vapeur.

Le fait est que la turbine a été inventée avec ses caractéristiques principales bien avant qu'on songeât à la faire
mouvoir par la vapeur. Sans effrayer, espérons-nous, le
lecteur, par des expressions très savantes, nous lui rappellerons que l'eau et le vent peuvent être des fluides moteurs
tout comme la vapeur : et la preuve en est que, si on soumet
à leur action une palette de roue disposée convenablement,
cette roue tournera. C'est l'esprit inventif de l'homme qui a
imaginé la première roue hydraulique, la première roue à
eau ; mais aidé par son esprit d'observation qui lui avait
montré l'eau du ruisseau, l'eau en mouvement, le fluide
moteur, comme on devait le nommer plus tard, poussant et
déplaçant plus ou moins les obstacles contre lesquels
il venait se heurter. Et si la roue hydraulique n'était pas
encore la turbine, elle devait néanmoins rendre des services
précieux, et cela durant des dizaines de siècles : si bien
même, que ce vieux serviteur n'est pas tout à fait abandonné, en dépit de ses défauts, et que vous pouvez rencontrer
encore dans la campagne bien des moulins où l'eau courante fait tourner une roue de bois, aux palettes plus ou
moins moussues.

Vous connaissez la forme classique de cette roue et de ces
palettes, mais il est bien probable que, dans un certain temps,

les enfants mêmes ne le sauront plus. C'est qu'en effet on tend à abandonner complètement ce vieux type de moteur hydraulique, tout simplement parce qu'on a reconnu ses défauts : on a constaté qu'il avait un mauvais « rendement », c'est-à-dire qu'il n'utilise et ne permet d'employer comme force motrice qu'une partie bien faible de la puissance de

Turbine à eau.

toute cette eau qui coule sous lui, et qui ne demande qu'à travailler, si on sait la capter habilement. Le fait est que ces roues de moulins comme on en voit en montagne, et sous lesquelles on laisse arriver un filet d'eau qui frappe les palettes de la partie inférieure de la roue, laissent perdre certainement les trois quarts de la puissance de cette eau qui s'enfuit en remuant les herbes et les cailloux du fond du ruisseau. Et si ce ruisseau a une certaine profondeur, il ne faut laisser l'eau arriver à la roue que sous une faible hauteur ; autrement la roue serait noyée, comme on dit, le courant frapperait le milieu aussi bien que le bas de la roue, et tendrait à tout emporter, au lieu de faire tourner celle-ci. Depuis bien longtemps on s'était rendu compte de ce défaut de la roue hydraulique, mais c'est seulement au dix-neuvième siècle qu'on a cherché à y remédier : jusqu'à cette époque, l'industrie n'avait point un très grand développement, on n'avait pas besoin d'autant de force mécanique qu'aujourd'hui, et on prenait sans compter la puissance que donnaient les cours d'eau, assuré qu'on était d'en avoir toujours assez. Aujourd'hui on s'aperçoit qu'il ne faut point dilapider ces richesses que nous fournit la nature, et l'on s'est mis à inventer de nouvelles roues hydrauliques, utilisant effectivement une proportion de plus en plus considérable de la puissance de l'eau. C'est ainsi qu'on a combiné des roues avec des aubes courbées suivant une courbure savamment calculée, de manière que la puissance du liquide soit aussi bien utilisée que possible. Mais dans une roue dont l'axe est horizontal, et où le liquide vient frapper comme sur la roue du moulin, l'eau n'agit jamais sur beaucoup de palettes à la fois ; et alors que cette roue en possède pourtant un grand nombre, il n'y en a que quelques-unes qui servent simultanément. C'est pour cela qu'on a imaginé la turbine hydraulique, qui est une roue spéciale, généralement montée sur un axe vertical, et dont les aubes, par conséquent, sont horizontales, au contraire de ce qui se passe dans la roue hydraulique dont je vous parlais à l'instant.

Je ne peux pas vous donner l'explication du fonctionnement d'une turbine hydraulique. Toutefois, je mets sous vos yeux la photographie d'une de ces turbines ; mais remarquez que, pour mieux montrer la disposition des palettes des aubes qui sont au pourtour et en bas de cette roue d'un genre si particulier, on l'a représentée couchée, et pour la voir telle qu'elle se présentera quand elle fonctionnera réellement, il faut la supposer redressée. Ses aubes, qui sont un peu comme des coquilles métalliques, se trouveront alors disposées horizontalement dans le bas de l'appareil. C'est sur elles que l'eau vient agir, de façon à faire tourner toute cette série de palettes courbes, en entraînant l'arbre de la turbine, qui est rattaché aux aubes, et qui passe dans un trou qui vient percer la turbine de part en part. Si vous examinez une turbine démontée, vous apercevez, latéralement, des sortes de cloisons métalliques au pourtour de ce qui est la partie supérieure de la turbine ; ce sont effectivement des lames métalliques qui ont pour but d'amener simultanément et régulièrement l'eau à

Ensemble d'un turbo-générateur électrique.

toutes les aubes de l'appareil. Et vous voyez précisément réalisé ici cet avantage que l'on ne rencontrait point dans la roue hydraulique ordinaire : toutes les palettes reçoivent à la fois l'impulsion de l'eau, ce qui fait qu'on utilise au mieux la puissance du liquide, ou du fluide, comme vous voudrez l'appeler.

C'est ce même principe de l'action simultanée du fluide moteur sur toutes les séries d'aubes ou de palettes, que nous retrouvons dans les turbines à vapeur ; on en fait du reste maintenant de types divers : les unes ayant des aubes creuses et courbes, comme des turbines à eau, les autres ayant au contraire des aubes ou des aubages, ainsi qu'on dit le plus

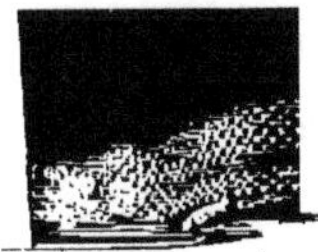

souvent, plats mais obliques. C'est cette disposition qui est le plus généralement adoptée.

Avant de vous reparler de la construction et du fonctionnement des turbines à vapeur, je vous rappelle qu'il y a également des turbines à vent; ce sont des moulins à vent tout à fait perfectionnés, qui ne ressemblent que de fort loin aux classiques moulins que l'on voit encore dans certaines régions, en Bretagne, dans la vallée de la basse Loire, et dont les quatre ailes tendues de toile tournent sous l'action du vent. Ces ailes, c'est l'équivalent des palettes ou des aubes de la roue hydraulique du vieux moulin de nos pères, et elles ont au moins autant d'inconvénients, tout en ayant rendu comme elles bien des services au temps passé. Le moulin à vent a été transformé, lui aussi, et un peu dans le même sens que la roue hydraulique. Vous avez vu sans doute des turbines atmosphériques, ainsi qu'on les appelle; elles se construisent couramment pour la commande des pompes à la campagne. Les unes ont des aubes plates et obliques, les autres des aubes courtes qui reçoivent le vent sur une surface de toile formant une sorte de poche. Pour arriver au résultat voulu, il a fallu naturellement étudier minutieusement l'inclinaison ou la courbure adoptée; et le plus souvent maintenant les turbines atmosphériques ressemblent un peu à cette roue, à ce disque de turbine à vapeur dont je viens de vous parler tout à l'heure; en ce sens : qu'on y trouve une série d'ailettes, se touchant presque toutes, mais montées sur un axe assez mince, tandis que les ailettes de la turbine à vapeur sont montées sur disque plein et ont une faible longueur, tout simplement parce que la vapeur n'agit qu'au pourtour, à la périphérie de la roue. Mais nous n'insisterons pas sur le moulin à vent moderne ni sur les services qu'il rend.

La comparaison que je vous ai faite tout à l'heure de la turbine à eau et de la turbine à vent ou à vapeur est tout à fait vraie, tant qu'on se contente d'une turbine à vapeur ne comportant qu'une roue : c'est le cas pour la turbine de Laval, qui est employée avec avantage dans l'industrie, pour fournir de faibles puissances, pour actionner des appareils de

dimensions modestes. Dans cette turbine de Laval, on voit
une roue métallique portant à son pourtour une série considérable de petites aubes courbes et creuses, très analogues
à celles de la turbine hydraulique; seulement la roue n'a
qu'une faible épaisseur, et des tuyaux métalliques obliques

Turbine hydraulique.

viennent déboucher juste à toucher les aubes, leur amenant
le fluide moteur qui va les faire tourner. Vous savez qu'un
jet de vapeur peut donner une impulsion tout comme un
jet d'eau : c'est ce qui se produit quand une locomotive,
par exemple, lance de la vapeur sur les côtés, presque au
ras du sol, et que ce jet de vapeur soulève et chasse les
feuilles ou les poussières qui sont à terre.

Mais dans les turbines le plus souvent employées maintenant, celles qui donnent ces puissances énormes nécessaires
à bord des grands transatlantiques, ou dans certaines stations
électriques, les roues sont multipliées. Et pour en faire com-

prendre la disposition, pour bien montrer le fonctionnement de ces appareils si intéressants, et la marche de la vapeur allant frapper successivement les aubes ou aubages de ces séries de roues, nous demanderons au lecteur de regarder et d'examiner les deux autres figures que nous avons fait dresser pour l'éclairer complètement. Dans l'une, il voit une turbine à vapeur actionnant une machine dynamo-électrique disposée tout à côté d'elle, turbine dont la moitié supérieure de l'enveloppe a été soulevée expressément pour laisser les yeux curieux s'instruire : on aperçoit en effet les diverses roues avec leurs aubes, les unes derrière les autres. La seconde figure est une coupe partielle de la même installation, où se montre, à droite, la turbine à vapeur, sectionnée suivant sa longueur, tandis qu'à gauche on a figuré le groupe électrogène, la machine dynamo-électrique qu'elle est chargée de faire tourner. Et, sur cette figure, on a supposé coupés également les gros tuyaux qui amènent la vapeur sur les aubes des roues ou l'emmènent après qu'elle a agi, la direction suivie par le fluide étant indiquée par des flèches qui parlent d'elles-mêmes.

Notons tout de suite que, pour plus de simplicité, nous avons choisi une turbine où le nombre des roues et des aubages successifs n'est pas très élevé : on voit mieux le principe sur lequel est basé l'appareil ; mais il y a des turbines, ce sont même les plus fréquemment utilisées, qui ont des successions de roues beaucoup plus multipliées. Chacune de ces roues se présente sous un même aspect.

Voici donc la vapeur arrivant par le gros tuyau courbé qui passe sous le socle de la machine, et venant d'un générateur à vapeur, aussi nécessaire naturellement qu'avec la machine à pistons. La vapeur circule dans l'appareil comme l'indique la flèche ; elle vient frapper la série des aubages de la première roue, du premier disque ; elle leur donne une impulsion qui fait tourner ce disque ; puis elle continue sa route, s'échappe entre les aubages obliques, mais en rencontrant d'autres ailettes obliques, qui, elles, sont fixées intérieurement au pourtour de l'enveloppe cylindrique entourant la turbine. Ces ailettes dirigent la vapeur sur la série suivante d'ailettes mobiles, sur le pourtour, par suite, de la roue à aubages immédiatement voisine ; et celle-ci reçoit l'impulsion de la vapeur tout comme la première. La même action se répète sur les diverses roues successives, ce qui utilise au mieux la puissance du fluide moteur, en le forçant à faire tourner en réalité l'axe de toutes ces roues, axe unique qui transmettra ensuite son mouvement aux machines qu'il faudra commander. Nous devons ajouter que la vapeur perd de sa pression au fur et à mesure de sa marche, c'est-à-dire du travail déjà fourni ; et c'est même pour cela qu'on lui offre un passage constamment élargi, ainsi qu'on peut le constater dans le dessin représentant une coupe de la turbine, où les roues successives sont de diamètre décroissant. De plus, comme dans la turbine

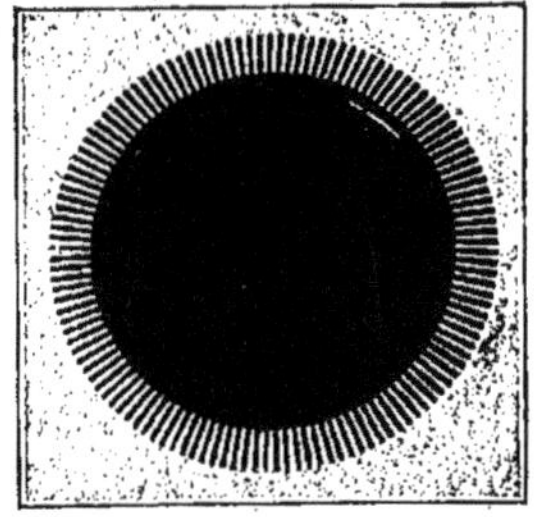

Aubages de turbine à vapeur.

pourtant fort simple dont nous donnons la photographie, la vapeur est conduite au sortir de cette première enveloppe cylindrique (naturellement refermée quand la machine fonctionne) dans une seconde enveloppe analogue, qui se montre en arrière de la première, et qui constitue ce qu'on nomme une turbine à basse pression, parce que la vapeur n'y arrive qu'après avoir perdu une partie de sa pression primitive Les deux turbines réunissent pour ainsi dire l'impulsion que la vapeur donne à chacune d'elles pour faire tourner le même arbre, qui, ici, actionnera à son tour une machine dynamo. Au surplus, très souvent, la turbine haute pression et la turbine basse pression ne sont point sur un même arbre et, à bord des bateaux, par exemple, elles commandent des arbres de couche différents et, par suite, chacune une hélice.

Et maintenant que nous avons vu comment fonctionne ce curieux engin à vapeur, nous ajouterons quelques mots sur le succès qu'il rencontre, précisément par suite des avantages qu'il présente. Naturellement, les constructeurs de turbines ne se font pas faute de mettre sous les yeux du public tout ce qui peut démontrer ces avantages. Et c'est ainsi que, dans une installation faite tout récemment en Suisse, on trouve à côté d'une machine à vapeur classique et à pistons, d'une puissance de 5 000 chevaux, une machinerie à turbines de même puissance exactement. Or, cette machinerie pèse sept à huit fois moins que la machine à pistons : c'est dire que le coût de construction, en même temps que l'encombrement, sont bien moindres; et elle demande sensiblement moins de vapeur que sa voisine, qui réclame, en outre, vingt fois plus d'huile de graissage (ce qui constitue une source considérable de dépense) et un personnel cinq fois plus nombreux pour la conduire et la surveiller. Allez donc vous étonner après cela que, pour l'immense station d'électricité que l'on a construit récemment à Paris, on ait adopté des turbines qui donneront la puissance formidable de 30 000 chevaux dont on a besoin! Comme exemple bien caractéristique encore des proportions dans lesquelles on ose maintenant construire ces engins, nous signalerons les trois turbines qui, à bord du grand steamer transatlantique *Carmania*, mis récemment en service par la Compagnie Cunard, commandent les hélices et fournissent ensemble la puissance respectable de 25 000 chevaux : ce bateau, identique à tous égards, sauf pour la machine, à son frère *Caronia*, lancé récemment lui aussi, a donné une vitesse très supérieure, du seul fait, qu'il était muni de turbines au lieu de machines à mouvement alternatif, c'est-à-dire à pistons; et ses chambres de machines sont curieuses à comparer, au point de vue de l'encombrement, avec les chambres du *Caronia*. On a du reste ensuite lancé l'immense *Lusitania* et le *Mauretania* longs de 240 mètres, dont la propulsion est assurée par quatre groupes énormes de turbines, et qui filent 26 nœuds. Et les applications de cette turbine se multiplient partout, sur terre comme sur mer.

LE CREUSEMENT DES TUNNELS
SOUS LES RIVIÈRES

Nos lecteurs savent qu'on arrive à construire des fondations ou à creuser des tunnels dans les terrains plus ou moins envahis par les eaux, et en particulier à faire passer des tunnels de chemins de fer sous des rivières ou des bras de mer. Les lignes nombreuses du Métropolitain parisien ont eu à traverser la Seine en plusieurs points ; et si, partout où cela est possible, c'est-à-dire au point où les lignes débouchent à ciel ouvert sur les rives du fleuve, la traversée se fait par un pont, il est, par contre, des passages que l'on a été obligé d'exécuter sous l'eau. C'est le cas pour la ligne traversant le vrai Paris, parce que la ligne arrive, de part et d'autre de la Cité, par conséquent de part et d'autre du double bras de la Seine, à un niveau fort inférieur à la surface du sol.

Il s'agit de la ligne qui va du nord au sud, de Clignancourt à la Porte d'Orléans, dirons-nous pour ceux qui connaissent Paris, ou qui pourront se reporter au plan des lignes métropolitaines que l'on trouve partout. Au point où la ligne doit s'engager sous le fleuve, à peu près à la place du Châtelet, les rails étaient prévus devoir être à une profondeur de 14 mètres au-dessous de la surface de la place ; mais si cela est beaucoup pour le voyageur qui aura à remonter par un escalier de ce niveau au grand jour, ce n'est pas beaucoup pour passer sous la nappe d'eau. On a beau, en effet, incliner la voie pour pénétrer sous le lit de la rivière ; comme la pente ne peut pas être très considérable, sous peine de gêner la traction des trains, le niveau des rails n'est pas à beaucoup plus de 11 mètres au-dessous de la surface de l'eau ; et comme, d'autre part, le lit du fleuve a une profondeur de 4 mètres environ, on arrivera à ce résultat que le sommet du tunnel ne se trouvera séparé du fond du lit, et par conséquent de l'eau, que par une épaisseur de terre de

Le chantier au-dessus de la Seine.

2 mètres au plus. Encore cette terre est-elle constituée souvent par du limon, et en tout cas l'épaisseur n'en serait pas suffisante pour qu'on puisse employer le procédé du bouclier, l'air comprimé sous cette carapace métallique ayant bien vite fait de s'échapper à travers cette couche si mince de terre, et n'empêchant plus dès lors l'eau d'envahir la chambre où travailleraient les ouvriers. On a donc décidé de procéder autrement, par fonçage vertical, comme on dit, mais suivant une méthode un peu particulière, imaginée par M. Chagnaud, l'entrepreneur français auquel ont été adjugés les travaux : méthode qui a excité l'étonnement de bien des gens parmi les badauds parisiens, qui trouvent toujours le temps de s'arrêter des heures devant quelque chose qui les surprend ou les intéresse.

Le fonçage vertical, qui sert couramment à établir les fondations des ponts, par exemple, qui a été utilisé pour les piles du Pont Alexandre, à Paris, suppose toujours un caisson métallique sous lequel les ouvriers excavent, dans un espace clos où de l'air est comprimé sous forte pression,

et qui les abrite de l'envahissement de l'eau. On maçonne
un massif pesant à la partie supérieure du caisson, qui
s'enfonce sous ce poids au fur et à mesure que les ouvriers
excavent par en dessous. Du reste, on élève le massif de
maçonnerie pendant que le caisson descend, pour que la
future pile ou culée de pont se trouve toujours dépasser le
niveau de l'eau; et quand on est arrivé à rencontrer un
fond bien résistant, les ouvriers s'arrêtent de creuser et se
retirent de la chambre de travail en la remplissant peu à peu
de maçonnerie ou de béton, pour que le massif supérieur
repose lui-même sur un autre massif plein et homogène, qui
se trouve enveloppé extérieurement par les parois du caisson,
qu'on abandonne en place. Mais on ne pouvait procéder
tout à fait de cette façon dans la traversée des deux bras de
la Seine, puisqu'il ne s'agissait point d'abord de faire reposer
un massif de maçonnerie dépassant la surface de l'eau sur une
fondation solide, et que le caisson qu'on immergerait et qu'on
ferait pénétrer dans le sous-sol du fleuve, de manière à ne pas
gêner la navigation, devait demeurer en partie creux intérieurement, pour donner passage aux trains du métropolitain.

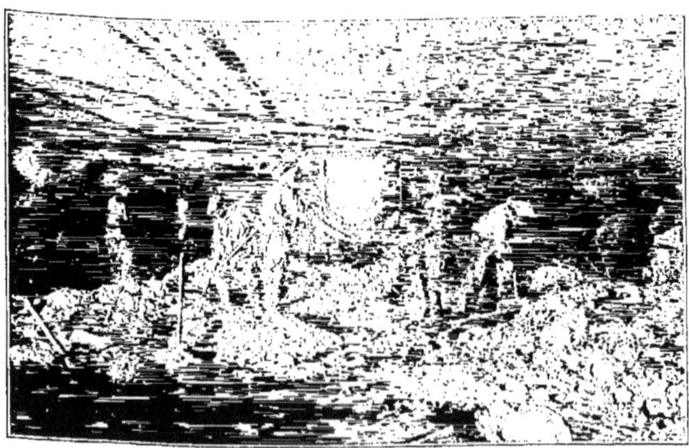

Le chantier au fond de la Seine.

Le tunnel continu dont il s'agit a été obtenu au moyen de trois caissons que l'on a foncés successivement, et que l'on a raccordés ensuite, quand ils ont été descendus à la profondeur voulue, exactement au même niveau, pour que la voie puisse être établie.

Les caissons métalliques ne pouvaient être construits sur place en travers de la Seine : d'abord parce qu'il aurait fallu créer pour cela un véritable atelier sur pilotis, très coûteux et très compliqué; et bien que chaque caisson dût être successivement fait l'un après l'autre, cela aurait prolongé la période durant laquelle la navigation devait être gênée. Aussi a-t-on construit les trois caissons sur la berge du fleuve, en aval et le long des Tuileries. Quand l'un d'eux était presque terminé, on le lançait à l'eau, dans le sens de la largeur, en le faisant glisser sur des poutres formant chemin de lancement; comme il comporte de vastes compartiments intérieurs que nous allons indiquer, il flotte; et rien n'est relativement plus simple, avec les précautions voulues, que de le conduire en amont jusqu'au point où il devra s'enfoncer dans l'eau pour constituer une partie du tunnel sous rivière. Comme ont pu s'en rendre compte ceux qui en ont suivi la construction sur la berge de la Seine, le caisson, l'immense boîte métallique, longue de 35 mètres environ, large de plus de 9 mètres, et présentant une hauteur maxima à peu près équivalente, comporte une solide charpente métallique faite de ce qu'on nomme des fermes successives, un peu comme une vaste halle métallique. A l'intérieur, les fermes et la partie inférieure de la charpente, partie qui est courbe tout comme le bas des fermes, supportent des plaques de tôle qui se rejoignent et se rivent solidement les unes aux autres; et on arrive de la sorte à établir, dans la boîte extérieure, une boîte intérieure qui rappelle tout à fait comme aspect le souterrain où courent les voies des lignes métropolitaines ordinaires; c'est effectivement l'espace vide du tunnel où seront placées les deux voies, et où circuleront les convois. Les parois en tôle de ce tunnel sont étanches. Mais il existe une seconde paroi, également faite de tôles fixées sur la charpente et rivées les

unes aux autres. Cette paroi forme, dans le haut de la boîte,
comme un second plafond courbe; sur les côtés de l'enveloppe, et aux extrémités de la boîte les deux murailles droites

Le caisson-tunnel.

descendent très en dessous du bas du tunnel. Toutefois, une
partie de la muraille du bout, qui ferme justement l'orifice
de la section de tunnel, est rivée de manière à pouvoir
s'enlever plus tard, quand tous les caissons seront enfoncés,
et qu'on voudra les réunir pour former le tunnel continu.
En tout cas, le bas des parois verticales vient constituer une

6

lame, un couteau (c'est même à peu près comme cela qu'on nomme cette partie en style de métier), qui contribue à assurer la pénétration du caisson dans le sol.

Voici comment les choses se passent, quand un des caissons a été amené flottant au-dessus du point exact où il doit descendre pour former une des parties du futur tunnel. En le lançant à l'eau, on n'avait point achevé son second plafond, de façon à ce qu'il fût moins lourd, et qu'il s'enfonçât moins dans l'eau, tandis qu'on le remorquait sur la Seine; c'est qu'en effet ce bateau d'un nouveau genre s'enfonce d'une assez belle profondeur, même à vide, et la Seine n'offre pas un tirant d'eau bien considérable, en dépit des améliorations apportées à son cours. Arrivé en place, le caisson est maintenu transversalement au courant par une estacade de pieux et pilotis enfoncés dans le lit du fleuve, de manière que la boîte métallique se trouve exactement au-dessus de l'emplacement que doit occuper le tunnel. On termine le plafond en rivant les tôles qui manquaient, on met la dernière main à la double paroi métallique; mais on réserve des ouvertures qui permettent de couler du béton dans l'intervalle des deux enveloppes, ce béton venant faire masse avec elles. Il va sans dire que ce poids supplémentaire force le caisson à s'enfoncer peu à peu, et verticalement, le long des pilotis de l'estacade; et il arrive un moment où il repose sur le fond du fleuve, que l'on avait dragué à l'avance, pour le mettre aussi horizontal que possible. Mais le couteau a beau toucher le sol de tous côtés, et même s'y enfoncer un peu quand le poids du garnissage en béton devient énorme, l'eau, qui pénètre si bien par les moindres interstices, et qui n'entre encore que fort peu (grâce à l'air qui s'y trouve comprimé) dans la chambre ménagée sous le plancher du tunnel, à l'abri des couteaux, envahirait bien vite cette chambre, si l'on se contentait d'ouvrir une trappe pour y faire descendre des ouvriers. Aussi on aménage des conduites qui permettent d'envoyer de l'air comprimé dans la chambre, en même temps que des trappes spéciales qu'on appelle des écluses à air; et qui donnent le moyen de faire entrer ou sortir des ouvriers, d'enlever des déblais ou d'introduire des matériaux de construction, sans que l'air puisse s'échapper. Ces écluses se prolongent verticalement par de gros tuyaux métalliques qui percent le plafond du caisson, et que l'on retrouve dans tous les caissons à air comprimé; et même lorsque le caisson est complètement couvert d'eau, et qu'il s'enfonce dans la terre, dans l'excavation que lui ménagent les terrassiers piochant continuellement dans le sol qui forme le plancher de la chambre de travail, les tuyaux des écluses à air débouchent au-dessus du niveau de l'eau, et mettent en relation la chambre de travail avec l'extérieur.

Quand le caisson est arrivé au niveau voulu, ce qui suppose que son sommet est 2 mètres environ plus bas que le sol constituant le lit de la Seine, les ouvriers commencent à remplir de béton la chambre de travail; et, au bout d'un certain temps, tout le caisson ne forme plus qu'un énorme bloc mi-partie maçonnerie ou béton et mi-partie métal, et l'on peut commencer à foncer un nouveau caisson, qui continuera le premier. Il est essentiel que cette seconde partie du tunnel se trouve exactement dans le prolongement de l'autre : mais si minutieuse que soit cette simple besogne de raccordement, elle n'est pas pour effrayer nos techniciens. Et quand les trois caissons, correspondant à la traversée complète du grand bras de la Seine, ont été foncés, on a su parfaitement les raccorder effectivement en supprimant les cloisons métalliques disposées aux bouts de chaque tronçon. Cela s'est fait à l'abri de petits caissons spéciaux, qu'on disposait par-dessus les extrémités de deux caissons voisins, car il faut empêcher que l'eau ne puisse envahir le tunnel.

Il y a là un ensemble de travaux tout à fait remarquables et des méthodes qui s'appliquent maintenant dans les cas les plus divers, au grand avantage des communications.

LE LANCEMENT DES GRANDS NAVIRES
MODERNES

LE lancement d'un bateau, c'est-à-dire sa mise à l'eau, est
toujours une opération difficile ; car il faut que cette
coque puisse glisser jusqu'au milieu de l'eau, grâce au chemin
incliné et aussi uni que possible qu'on lui a préparé, sans se
coucher sur le côté, sans risquer de détériorer ses flancs, et
en demeurant par conséquent en équilibre debout sur sa
quille, en dépit de son déplacement. Et comme généralement
c'est dans un port, là où la place est assez ménagée, que se
fait le lancement, il faut éviter que la carène ne suive trop
longtemps l'impulsion qu'elle a dû prendre pour quitter son
chantier, sa cale de construction ; il est important qu'on
amortisse la vitesse acquise par le bateau. Au reste, lors
même qu'on aurait un espace très considérable devant soi, la
pleine mer, il n'est pas possible qu'on l'abandonne à lui-
même une fois qu'il a pris possession de l'élément liquide :
il n'est ordinairement muni ni de ses machines, ni de ses
hélices, au moment du lancement, et si son élan l'entraînait
loin, il risquerait d'être saisi par les courants, de dériver,
d'être exposé à une collision, à un échouage, etc., avant
qu'on pût lui courir après, si l'on nous permet le mot, et le
ramener au port.

Mais les précautions qui s imposent même avec un petit
navire, sont encore bien plus indispensables avec les grands
paquebots modernes ; et surtout avec ces immenses navires
que l'on construit de plus en plus couramment, et qui transportent les voyageurs d'un bord à l'autre de l'Atlantique.
C'est pour cela que nous avons voulu mettre sous les yeux
du lecteur un de ces gigantesques transatlantiques, au
moment où l'on prépare justement ce chemin de lancement
dont nous parlions tout à l'heure ; nous montrons aussi la
coque alors qu'elle a gagné l'eau en amortissant peu à peu
son élan comme nous l'expliquerons, et que des remorqueurs

s'attellent devant elle pour la ramener le long du quai où l'on procédera à son aménagement intérieur et au montage notamment de tous les organes mécaniques qui sont nécessaires à sa vie. Le bateau que nous avons choisi comme exemple est le transatlantique la *Provence* : à la vérité, ses dimensions ne sont pas aussi considérables que celles de certains navires dont nous dirons un mot, et qui appartiennent aux flottes allemande ou anglaise; mais son lancement n'en constitue pas moins une opération des plus difficiles, et même

Le navire vient d'être lancé.

des plus dangereuses, tant pour la coque que pour les hommes qui effectuent le travail, si tout n'est pas combiné au mieux, suivant une technique qui s'est admirablement perfectionnée depuis quelques années.

Nous venons de signaler l'importance du poids du bateau à mettre à l'eau : ce n'est pas, et on le verra, qu'il s'agisse aucunement d'exercer une traction sur la coque pour l'amener dans l'eau; tout doit se passer, tout se passe normalement sous la simple influence de la gravité, comme disent les techniciens, parce que le bateau se trouve sur une pente, et que son poids même est destiné à l'entraîner le long de cette pente. Mais ce poids peut avoir aussi une action particulièrement dangereuse sur le chemin de glissement. Telle une voiture trop lourdement chargée qui défoncerait la route où l'on voudrait la faire rouler, le bateau, si sa masse est considérable, démolira, fera au moins fléchir le plan incliné qu'on aura installé sous lui pour lui permettre de gagner la mer: Et comme nous allons voir que ce plan incliné, ce chemin, doit être fait principalement de bois, afin que le glissement s'effectue dans de bonnes conditions, il arriverait, si la charge n'était pas sagement répartie sur un grand nombre de pièces de bois, que les poutres s'écraseraient sous le poids du navire : tout au moins serait-il arrêté dans sa descente vers l'eau; peut-être un déversement pourrait-il se produire, et ce ne serait pas une mince affaire que de relever même partiellement la masse énorme qui aurait causé l'accident. C'est une des raisons pour lesquelles les coques de navires sont lancées avant que la plupart des installations intérieures soient faites, avant, le plus souvent, que chaudières et machines soient en place : on se contente de disposr la partie extérieure de l'arbre d'hélice, parce que cela serait ensuite malaisé (même en mettant le bateau à sec dans une cale de radoub); mais la machinerie, dont on peut voir parfois le tuyau au-dessus du pont, ne consiste qu'en une machine à vapeur de petites dimensions qui servira aux travaux du bord; et la mâture minuscule mise en place est destinée à supporter les pavois et drapeaux du jour de fête qu'est le lancement. Il faut songer qu'un transatlantique comme la *Provence* ne pèse pas moins de 19 millions de kilos une fois terminé; quant au *Lusitania*, un des géants que la Compagnie Cunard a récemment lancés, et qui a 240 mètres ou à peu près de longueur, il pèse 38 millions de kilogrammes. Mais le fait que sa coque seule était terminée au moment du lancement, réduisait son poids au total relativement minime de 16 millions de kilos. C'est un rien, comme l'on voit!

Nous avons dit que c'est la pente même de la plate-forme sur laquelle se trouve le navire qui assure son lancement lorsqu'il est prêt à gagner l'eau. On pense bien que l'on ne commence pas par le construire sur un terrain plat, pour ensuite soulever une de ses extrémités et lui donner la pente voulue : toutes les cales de construction présentent une certaine inclinaison du côté de l'eau, suivant la longueur du bateau. On le constate aisément sur l'une des photographies qui accompagnent ces lignes. C'est donc sur ce plan incliné que l'on place et assemble les premières pièces (aujourd'hui généralement métalliques) qui vont former la quille, l'épine dorsale du géant. Et, dès le début, il faut prendre des précautions pour que cette quille n'ait point tendance à se déplacer, à glisser sur la pente : précautions qui s'imposent encore bien davantage au fur et à mesure qu'avance la construction. On immobilise donc l'énorme coque jusqu'au moment où il sera devenu opportun de lui rendre sa liberté, en la laissant obéir à la tendance due à la gravité; et pour cela on a commencé par monter la quille même sur une série de madriers transversaux en bois, madriers qu'on nomme des tins, et que l'on superpose jusqu'à ce qu'ils atteignent une hauteur suffisante. Ils forment par leur ensemble une sorte de plate-forme qui se dirige en pente vers la mer.

Voici la coque terminée et prête à être lancée. On passe alors sous la quille, et successivement par bouts de quelques mètres, pour ne supprimer jamais que sur une faible longueur l'appui que trouve le navire sur les tins, des madriers qui sont disposés en prolongement les uns des autres, et qui sont rattachés effectivement les uns aux autres au moyen de lames de fer et de boulons. De la sorte, il arrive un moment où, sous la quille, et parallèlement à elle, se trouve une espèce de longue pièce de bois continue qu'on appelle la savate, ou encore le patin; cette savate est bel et bien fixée à la quille, et le navire va l'emporter avec lui quand il pénétrera dans l'eau. C'est elle qui supportera tout le frottement qui se produit forcément sur le chemin de glissement : il serait dangereux de faire subir cette fatigue à la quille du navire, car la quille est la partie essentielle à la solidité de la coque. On la débarrassera ensuite de son patin, quand le bateau sera mis en cale sèche pour son achèvement final. Au moment voulu, le navire glissera donc par l'intermédiaire de cette savate; mais il faut qu'on lui ménage un chemin aussi lisse que possible. Et, dans ce but, on dispose sous la savate une sorte de gouttière en bois, la coulisse, faite de

pièces de bois très dures que l'on place par morceaux successifs ; ces pièces offrent un rebord, car il faudra enduire la
coulisse d'un mélange de suif et de graisse, parfois également
de savon, pour faciliter le glissement des deux surfaces de
bois ; après ce garnissage, on enfonce à force des coins sous
la coulisse, de façon qu'elle vienne à toucher la savate. Et
voici notre bateau doté de son chemin de lancement, minutieusement établi pour présenter une surface bien égale et
régulière. Mais comme on ne peut vraiment pas espérer que,
une fois débarrassé de ce qui le retient, le navire resterait
exactement en équilibre debout sur sa quille en descendant à
l'eau, on dispose de chaque côté des appuis qui le remet-
traient dans la bonne voie, s'il en avait besoin : ces appuis
sont constitués par des pièces de bois qu'on appelle des
ventrières, et qu'on fixe sous la coque, de chaque côté de la
quille ; en dessous, à quelques centimètres de distance, sont
d'autres pièces de bois parallèles à la coulisse, des coettes,
sur lesquelles la ventrière correspondante viendrait appuyer
si le navire « donnait un peu de bande », s'inclinait sur le
côté. Ce sont des glissières d'occasion, peut-on dire ; et
quand le navire n'est pas très long, comme son extrémité
inférieure est aussi près que possible de l'eau, il atteint le
plus souvent celle-ci et y plonge déjà en grande partie, avant
qu'un mouvement latéral sérieux se manifeste.

Mais s'il s'agit d'un navire de grandes dimensions, et par
suite d'un poids très élevé, comme c'est le cas pour la *Provence*, ou à plus forte raison pour le *Lusitania*, on donne
plus de sécurité au lancement, et surtout on répartit le poids
sur une surface plus large ; et, au lieu d'une seule coulisse
supportant tout le poids du bateau par la savate, on lance
sur coettes, ainsi qu'on dit souvent, ou sur ber, c'est-à-dire
sur berceau. Les coettes latérales deviennent le vrai chemin
de glissement double : on les munit de coulisses que l'on
garnira de graisse et de suif, on les rapproche des ventrières
à les toucher, et du reste les ventrières sont solidarisées par
des pièces transversales jusqu'à former le ber, le berceau qui
soutiendra le navire. Cette fois, la quille demeure dans le

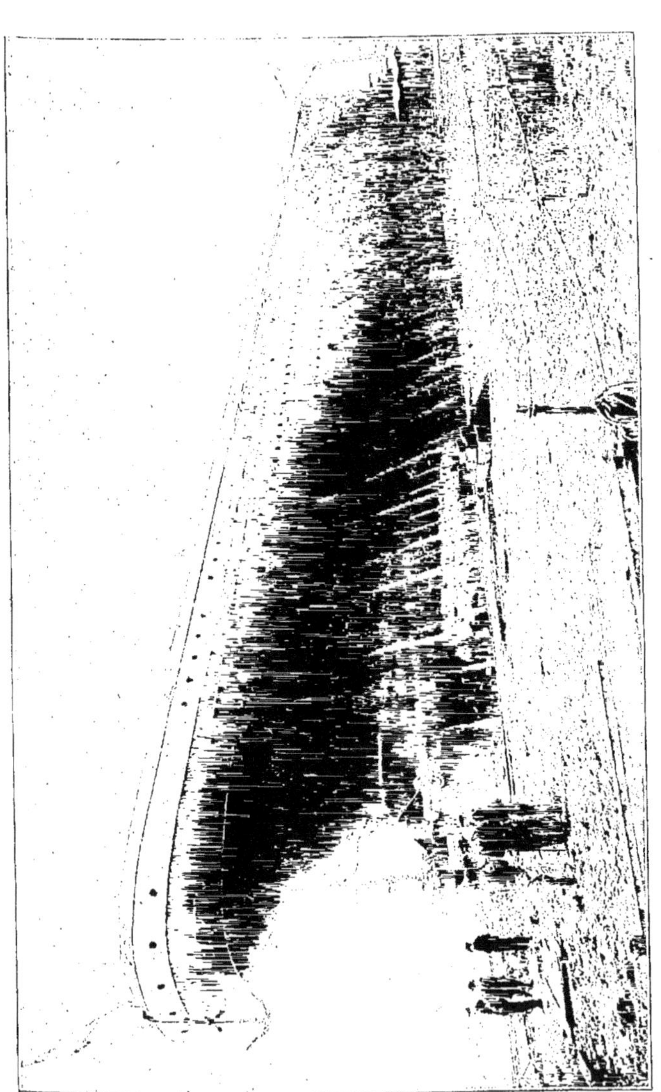

La *Provence* sur chantier.

vide, on la débarrasse avant le lancement, et quand toute la construction est finie, des tins sur lesquels elle se trouvait reposer; et le navire gagnera l'eau en cheminant vraiment sur les deux énormes rails de bois que forment les coettes (ou couettes). Justement, dans la photographie du chantier de lancement de la *Provence*, on voit les ouvriers garnissant de suif la partie inférieure des coettes : elles descendent aussi bas que possible, elles seront recouvertes par une bonne épaisseur d'eau à mer haute, pour que le navire trouve un appui à son glissement jusqu'au moment où il flottera.

Bien entendu, jusqu'au dernier moment, le navire doit être solidement maintenu, comme si son lancement ne se préparait point. On a cloué, par exemple, à la savate ou aux ventrières, des pièces de bois transversales, qui sont retenues d'autre part par des poteaux enfoncés dans le sol. La partie supérieure de la savate ou des ventrières se prolonge en haut de la cale, de telle manière qu'on peut fixer le bout des poutres continues en question à un bloc planté immuablement dans le sol; parfois aussi les poutres se terminent par un taquet qui s'appuie sur une sorte d'immense chien de fusil, qu'on pourra abaisser mécaniquement au moment voulu. Des câbles sont également chargés de retenir le navire dans ses velléités d'indépendance prématurées. Autrefois la pièce de retenue était un arrêt énorme, un madrier que l'on plaçait en bas de la pente, formant comme une *cale* devant la masse du navire : un forçat auquel on promettait la liberté, ou un condamné à mort à qui on faisait espérer la vie, était chargé au dernier moment de l'aller couper à coups de hache; le plus souvent il était tué par la masse du navire prenant son élan; parfois il avait la possibilité de se jeter dans un trou à ce ménagé, et le bateau passait sur lui sans le toucher. C'est du moins la tradition; bien des histoires plus ou moins sentimentales ont été contées à ce sujet. Maintenant les choses se font plus simplement et plus humainement.

Quand l'heure du lancement arrive, on commence par enlever méthodiquement tous les étais, de part et d'autre, qui ont maintenu le navire vertical durant toute sa construction;

Le lancement de la *Provence*.

on détache les câbles, puis simultanément on fait sauter les deux derniers arcs-boutants qui se trouvent vers l'avant, les ouvriers pouvant se tenir sur le côté pour enlever ces pièces de bois à coups de masses, et l'on scie les pièces de retenue du haut de la cale, les bouts de poutre formant prolongement des coettes ou de la savate. La pente aidant, le navire s'ébranle d'abord tout doucement, pour accélérer ensuite bien vite son allure, et atteindre l'eau au milieu d'un bouillonnement et aussi de la fumée du suif qui s'échauffe sous le frottement des coulisses qui roussissent, et sur lesquelles souvent il faut envoyer de l'eau au moyen de pompes. Si l'espace n'est pas suffisant là où le lancement se fait, et que l'on ait quelque crainte de voir le bateau aller heurter par exemple la rive opposée (beaucoup de chantiers se trouvant en rivière), on le munit de *bosses* cassantes, de câbles plus ou moins longs, qui se déroulent au fur et à mesure du lancement, qui cassent à la suite les uns des autres, en amortissant d'autant la vitesse.

Presque toujours le navire glisse de lui-même quand on a supprimé tout ce qui le retenait sur la cale; si pourtant il montre de la paresse, ce qui nuit à l'élégance de l'opération, on le pousse à l'aide de vérins. Nous ferons remarquer que c'est l'arrière du navire qui entre le premier dans l'eau : il y a à cela des raisons techniques qui seraient hors de propos ici.

Le lancement d'un bateau est toujours l'occasion d'une fête et d'un grand concours de populations; et la chose s'explique. C'est un véritable événement, surtout quand il s'agit des énormes bateaux que l'on construit aujourd'hui. Et pour que l'opération réussisse, il faut un ensemble de précautions et de dispositions techniques qui font honneur aux ingénieurs spécialistes. Il est extrêmement rare du reste qu'un navire demeure sur sa cale, en se refusant à gagner l'eau, en dépit des vérins que l'on ferait agir. Si d'ailleurs vous assistez quelque jour à un lancement, et qu'un incident de cette sorte se produise, ne soyez pas trop sévère pour ceux qui avaient préparé l'opération. Il a suffi de quelques clous oubliés, d'un trait de scie mal ou insuffisamment donné,

pour faire échouer un lancement qui avait été minutieusement
et savamment préparé.

Une fois lancé, le navire est conduit à quai, comme on le
voit pour la *Provence*; on l'arme complètement, on installe
ses chaudières, ses puissantes machines, et le travail dure le
plus souvent des mois. Quand tout est fini, on le conduit
dans une forme de radoub, sorte de bassin dont on peut
épuiser l'eau : il demeure donc à sec, on le débarrasse de sa
savate, s'il en comportait une ; s'il a été lancé sur ber, celui-
ci l'a abandonné une fois dans l'eau, parce que le ber est en
charpente et flotte naturellement. Il reste encore à nettoyer
la coque, à la peindre, à monter sans doute aussi les propulseurs. Finalement, le transatlantique va pouvoir prendre la
mer et commencer son service.

L'INDUSTRIE DU CINÉMATOGRAPHE

PARMI les inventions modernes, il n'en est certainement
pas une qui se soit développée avec la rapidité du cinématographe, dont les débuts ne remontent en réalité qu'à
bien peu d'années. Sans doute, il est vrai, cet appareil était-il
en germe dans les premières applications de la photographie
instantanée, et même de la simple photographie rapide.

Dès 1865, on était parvenu à des résultats laissant loin derrière eux les découvertes faites en 1839 par Daguerre, et qui
exigeaient une pose d'une vingtaine de minutes pour prendre
une image à peu près convenable. Avec les plaques au col-
lodion humide les plus sensibles, on arrivait à prendre un
cliché en un dixième de seconde : à condition, toutefois, que
le sujet à photographier fût bien éclairé. Aussi, pour mettre
à profit cette surprenante rapidité de l'impression lumineuse,
deux savants, que la plupart des gens ignorent, MM. Onimus
et Martin, eurent l'idée de la chronophotographie : prendre
à des intervalles très rapprochés une série de clichés repré-

sentant les phases successives d'un même mouvement, phases trop rapides d'ailleurs pour que l'œil pût les analyser. Ils se servaient de 5 chambres photographiques qu'ils disposaient côte à côte, et les 5 clichés étaient pris successivement à 1/5 de seconde d'intervalle, comme l'a rappelé M. Lucion, en traitant l'histoire du cinématographe.

En 1874, un savant célèbre des États-Unis, Muybridge, avait perfectionné un peu la méthode, dans le but d'étudier la marche ou les déplacements quelconques de l'homme et des animaux : il mettait à contribution jusqu'à 40 chambres photographiques, devant lesquelles on faisait courir un homme, trotter un cheval, etc., le déclanchement des obturateurs étant commandé électriquement par le passage du cheval ou de l'homme. C'était légèrement compliqué, comme on le voit. Un progrès assez sensible fut réalisé avec le revolver photographique inventé par l'illustre Jansen, mort tout récemment. L'appareil ressemblait effectivement à un revolver, que l'on braquait sur l'objet à photographier ; il n'y avait qu'une seule chambre et un seul objectif, et la plaque photographique, en forme de disque, venait présenter ses diverses parties derrière l'objectif, pour y recevoir des impressions photographiques successives.

Mais la disposition de l'instrument empêchait de pouvoir prendre un grand nombre d'images les unes après les autres ; et il n'était pas possible de les prendre vite, les plaques très rapides ne se fabriquant pas encore. Elles apparurent en 1878, sous la forme des plaques au gélatino-bromure, le temps de pose pouvant se réduire avec elles à 1/200 de seconde !

Il fallait arriver à mieux encore, pour permettre ensuite à l'œil de voir défiler devant lui, en un court instant, des photographies si nombreuses que le spectateur a l'illusion de la continuité des mouvements, et ne saisit pas le passage d'une photographie à une autre. Le fait est qu'on peut obtenir aujourd'hui des images parfaitement nettes avec une exposition de 1/2000 de seconde. Même avec les plaques au gélatino-bromure du début, le grand savant français Marey perfectionna la photographie des animaux en mouvement.

Et, en 1888, aidé de M. Demeny, il inventait un appareil qui contenait en principe tout ce qui devait, quelque temps après, sous une forme plus parfaite dans les détails, permettre la prise des photographies multiples destinées à se présenter successivement dans l'appareil de projection du cinématographe. Dans cet appareil Marey, on trouvait une pellicule sensible en forme de longue bande, s'avançant entre chaque ouverture de l'obturateur, et recevant par conséquent une série d'impressions; l'obturateur masquait automatiquement l'objectif, et il protégeait la pellicule tandis qu'elle se déplaçait, puis il s'ouvrait ensuite pendant une fraction de seconde. Finalement, tout se passant ainsi par saccades, la bande ne parcourant entre chaque arrêt qu'une faible distance, la largeur à peu près d'une image photographique, on obtenait, exactement juxtaposées sur cette pellicule, une suite de vues prises à intervalles très rapprochés, et montrant toutes les phases du vol d'un oiseau, de la marche d'un homme, etc. C'était l'analyse du mouvement réalisée.

L'on devait d'ailleurs arriver à faire bien plus parfait, comme nous l'avons expliqué, avec des pellicules se laissant impressionner plus rapidement par la lumière. Une des grandes difficultés dont il a fallu triompher, même avec des impressions demandant 1/2000 de seconde, cela a été d'arrêter brusquement et de façon si répétée cette pellicule assez fragile, et se déplaçant à une vitesse relativement considérable. Tout d'abord, on avait cru nécessaire d'arrêter complètement le déroulement de la pellicule et le mouvement des deux bobines autour desquelles elle est enroulée, l'une la portant quand elle est encore non impressionnée, l'autre quand elle a été impressionnée.

Mais Marey a eu l'idée remarquaable de laisser constamment du mou dans la pellicule, qui, comme le montre une des figures un peu schématiques que nous donnons d'un appareil Gaumont, forme une légère boucle quand elle se déroule, tout en étant empêchée de continuer sa route devant l'objectif, par suite de l'arrêt qui lui est imposé en ce point. Divers dispositifs ingénieux ont été combinés pour assurer ce résultat; et tout se passe aujourd'hui dans les meilleures conditions, les pellicules, les *films,* comme on les appelle souvent en se servant du mot anglais, étant du reste bien plus solides qu'il y a quelques années.

Mais ce qui nous intéresse dans le cinématographe, ce n'est pas seulement l'analyse du mouvement, la prise des images successives : c'est aussi, et surtout, la synthèse, comme on dit en langage savant, la recomposition de ce mouvement. Il faut qu'en voyant passer sous nous yeux la succession des photographies instantanées, nous ayons l'illusion de la vie. Nous rappelons que le phénomène si curieux que l'on met à profit avec les projections cinématographiques, c'est-à-dire la reconstitution des scènes ou des mouvements enregistrés dans les innombrables petites images de la pellicule cinématographique, c'est ce qu'en physique on appelle la persistance des impressions lumineuses. C'est le printemps de ce zootrope qui nous a amusés quand nous étions enfants, et que les enfants d'aujourd'hui tiennent sans doute quelque peu en mépris, parce qu'ils ont le cinématographe. Après la disparition d'une image, l'impression en subsiste environ un vingtième de seconde sur notre rétine; et si, devant nos yeux, défilent rapidement, à moins d'un vingtième de seconde, les phases successives d'un mouvement, une première image est remplacée par une seconde avant que nous ayons cessé réellement de « voir » la première; nous ne percevons pas l'intervalle, nous avons l'illusion de la continuité. Naturellement, l'illusion est bien autrement parfaite avec l'appareil cinématographique à projections qu'avec le zootrope, parce que la lumière est intense, que l'image est éclairée par transparence, qu'elle est projetée, enfin, pour employer le mot qui s'impose. Le cinématographe donne bien, à la vérité, une certaine impression de papillotement, parce que les images ne défilent guère qu'à raison de quinze à vingt par seconde; dans le kinétoscope d'Édison, qui n'était pas à projection, et laissait voir à une seule personne la bande pelliculaire se déroulant et s'arrêtant alternativement, il passait jusqu'à soixante-dix vues par

seconde; et jamais il ne se produisait de papillotement.
Mais les mécanismes utilisés dans les appareils à projection
ne pourraient pas marcher à semblable allure sans risquer
de déchirer la pellicule; et, d'autre part, les films coûteraient

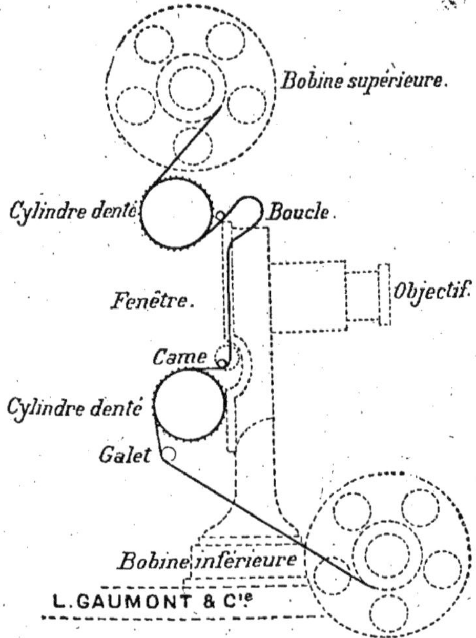

Appareil Gaumont à prendre les vues.

extrêmement cher, car il en faudrait une longueur encore
plus énorme que celle dont on se contente maintenant.

Nous n'avons guère besoin de rappeler que ce sont surtout MM. Lumière qui ont lancé le cinématographe dans sa
voie véritable, en construisant des appareils de fonctionnement sûr, que l'on pouvait s'exposer à faire fonctionner en
public, et non plus seulement dans le laboratoire. Depuis
lors, les appareils cinématographiques divers se sont multi-

7

pliés, et ils ont donné naissance à cette industrie curieuse
et fort importante des cinématographes, de la confection des
pellicules, de la préparation des scènes qui sont photographiées pour passer ensuite devant les yeux de milliers de
spectateurs, et des théâtres petits et grands qui donnent des
représentations cinématographiques un peu dans tous les
coins du monde.

Bien entendu, il ne suffit pas de prendre les photographies
sur les pellicules, et de les faire défiler ensuite dans un appareil à projections : les vues impressionnant le film se traduisent par des négatifs; et pour toute projection il faut des
positifs. Aussi, l'industrie cinématographique comporte-t-elle
également des appareils ayant pour objet de tirer des positifs sur les négatifs fournis par une première opération. On
avait d'abord combiné des appareils dits réversibles, qui
pouvaient prendre les vues primitives, tirer les positifs, puis
les projeter; mais on recourt maintenant à une triple série
d'appareils, qui se ressemblent du reste beaucoup, en répondant chacun à un but particulier.

Dans l'appareil photographique proprement dit, une
bobine supérieure porte un rouleau de pellicule sensibilisée,
maintenu à l'abri de la lumière; cette bande impression-
nable est sous la dépendance d'un cylindre denté qui la fait
se dérouler de façon continue. Elle arrive derrière l'objectif,
dans l'appareil photographique, tirée par une came à griffes,
ces griffes entrant dans des trous percés sur les deux bords
de la pellicule. Quand la came cesse de tirer, la pellicule
s'arrête derrière l'objectif; mais elle se déroule toujours de
la bobine supérieure, en formant une boucle, comme on le
voit sur une de nos gravures. L'objectif s'ouvre, et une
image s'impressionne sur la pellicule. Le mécanisme de
commande de l'appareil (généralement électrique) referme
l'objectif, tandis que la came saisit de nouveau la bande par
ses griffes et la tire de la longueur d'une image; et le mouvement continue, la bande impressionnée allant s'enrouler
sur la bobine inférieure, qui est, comme la première, complètement à l'abri de toute lumière. Pour tirer des positifs, on

déroule simultanément deux bandes pelliculaires, dont l'une n'est pas impressionnée : elles passent ensemble devant une fenêtre par laquelle arrive la lumière du jour, ou la lumière d'une puissante lampe électrique; et une image positive se forme qui ne demande plus ensuite qu'à être développée. Bien entendu, ici encore, les deux bobines d'enroulement sont mises complètement à l'abri de la lumière.

Pour l'appareil à projections (dont nous donnons ici une

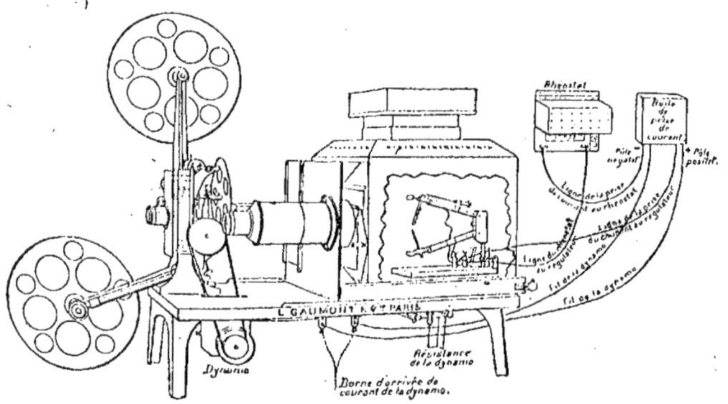

Appareil à projections.

vue générale), il comporte le plus souvent une lampe à arc électrique, recevant le courant même qui fait agir les divers organes de l'appareil; les bobines n'ont plus besoin de porter la pellicule dans une chambre close à l'abri de la lumière, les clichés photographiques ayant été fixés. Mais les phases successives du mouvement et les mécanismes sont fort analogues à ce qu'on trouve dans les deux autres appareils. Pour une séance de quinze minutes seulement, il va falloir faire passer, entre la lampe à arc et les lentilles de projection, une pellicule d'une longueur de 300 mètres, en la faisant s'arrêter, puis repartir avec une régularité mathématique. Il y a généralement une cinquantaine de vues par mètre courant, et par minute il défile de la sorte quelque

900 images. Quand on prend les images au moyen de l'appareil photographique, l'arrêt dure un trentième de seconde, et le mouvement autant pour chaque vue. Quand on projette, on règle la marche de l'instrument de façon que le mouvement de déplacement de chaque image ne dure qu'un soixantième de seconde, tandis que l'arrêt se prolonge un vingtième de seconde.

Nous avons passé sur les détails trop techniques de ces appareils si ingénieux; et les schémas que nous devons à l'obligeance de la maison Gaumont complètent les explications rapides que nous avons données. Ce qui montre l'importance de cette industrie du cinématographe, ce sont les installations si curieuses que possède précisément la maison Gaumont, pour la préparation des films qui défilent ensuite dans les divers théâtres spéciaux. Il s'en faut que ce soient toujours des choses prises dans la vie courante et sans préparation que nous montrent les cinématographes : nous n'avons guère besoin de le dire pour toutes les scènes de genre qui font la joie des enfants, petits ou grands, fréquentant les salles de spectacles cinématographiques. La maison Gaumont tout particulièrement possède un théâtre des mieux organisés, où elle fait jouer des scènes de toutes sortes, souvent à grand spectacle, avec un nombreux personnel d'artistes ou de figurants; et c'est ce que l'on photocinématographie tout à son aise, pour en composer des pellicules qui se vendront ensuite aux exploitants des salles de cinématographes. Au reste, bien des scènes qu'on prétend prises sur le vif ne sont que des représentations soigneusement préparées dans la salle de théâtre laboratoire. On a vu, durant l'Exposition de 1900, à Paris, des scènes de pêche à la morue, qui avaient été organisées, machinées et cinématographiées à Granville. Une série de scènes et tableaux représentant la guerre de Mandchourie (qui font fureur dans les théâtres cinématographiques) ont été montés et photographiés à Vincennes.

Il faut bien s'imaginer, du reste, que tout n'est pas bon dans une bande pelliculaire; il y a des images qui ne sont pas bien venues, d'autres qui font plus ou moins double emploi, qui ne sont pas nécessaires à l'œil du spectateur pour qu'il soit satisfait, et ait la sensation voulue de la continuité et de la vie. Et l'on doit se livrer à tout un triage, coupant par ci ou par là, recollant au bout les uns des autres les morceaux de la pellicule primitive.

Tout s'est perfectionné d'étrange façon dans cette indus-

Scène prise au cinématographe.

trie dont les débuts ont d'abord été si pénibles; et le mètre de film, qui valait jadis 10 francs, ne se vend plus guère maintenant que 1 fr. 25. C'est bien peu si l'on songe à toute la peine prise pour obtenir une bande bien réussie, aux dépenses de voyages nécessaires pour aller prendre sur le vif certains événements, aux frais entraînés par quelqu'une de ces représentations dont nous parlions à l'instant. Une innovation assez récente a consisté à associer le phonographe au cinématographe; et M. Gaumont est arrivé à des résultats bien curieux à ce point de vue, au moyen de ce qu'il appelle le chronophone. C'est une association du cinématographe, enregistrant, lui, les sons, les paroles, les bruits des scènes qui se sont fixées sur la bande pelliculaire. Pour atteindre le but, il a fallu obtenir un synchronisme absolu entre le fonctionnement des deux appareils. Pendant l'enregistrement, il est essentiel qu'ils marchent à la même allure, et ce synchronisme est non moins nécessaire au moment de la reproduction ; il faut que le phonographe fasse entendre, au moment où il doit se produire, tel cri, tel bruit, ayant accompagné tel mouvement à l'instant où le double enregistrement s'est fait.

Nous avons répété à plusieurs reprises que l'industrie du cinématographe s'était développée de façon extraordinaire ; on s'en doute bien déjà à voir les affiches et enseignes signalant de tous côtés, dans les villes et les villages mêmes, des représentations cinématographiques. Paris doit compter quelque 150 salles petites et grandes où ont lieu de ces représentations ; Londres 200, et Berlin davantage ; plus de foire sans cinématographe ; celui-ci fait fortune aux Indes comme au Japon ou en Chine. Telle maison fabrique quotidiennement 20 à 30 kilomètres de pellicule ; des sociétés ayant des millions de capitaux s'occupent de cette industrie. Ajoutons que le cinématographe commence à s'introduire dans l'enseignement, et particulièrement dans celui de la médecine.

LES AUDITIONS PHONOCINÉMA-
TOGRAPHIQUES

Nous avons donné des détails sur les procédés que l'on emploie à l'heure actuelle pour monter et enregistrer les scènes les plus pittoresques et les plus baroques, qui sont ensuite transformées en spectacles cinématographiques et représentées (nous ne pouvons pas dire jouées) dans les pays les plus divers. Mais nous voudrions compléter ces indications à deux points de vue un peu particuliers.

Tout d'abord on a apporté au phonographe des modifications fort importantes qui lui permettent de se faire entendre dans une vaste salle; et c'est pour cela que l'on a pu arriver à organiser ces représentations cinématographiques accompagnées de paroles, de chants, qui donnent l'illusion de la vie. D'autre part, on est parvenu avec une précision surprenante à faire coïncider la reproduction des mouvements avec la reproduction des sons; et l'on recourt ordinairement, dans ce but, à des combinaisons ingénieuses que l'on peut parfaitement comprendre dans leur essence sans être aucunement versé dans les questions techniques.

Pour ce qui est du phonographe, tout le monde en connaît maintenant le principe, étant donné qu'il y a tant de personnes possédant un de ces appareils. Les vibrations sonores sont inscrites le plus généralement aujourd'hui sur un disque plat, où le petit sillon se creuse suivant des spires. Et la reproduction par la galvanoplastie permet d'obtenir un nombre de copies exactes, d'une inscription une fois faite. Mais pour que les déplacements d'une pointe de saphir, par exemple, dans les sillons, produisent des sons susceptibles d'être entendus dans une grande salle, on a recours à l'air comprimé. La petite pointe agit sur une soupape, l'ouvre ou la ferme, et de la sorte elle laisse sortir ou arrête brusquement la sortie d'un jet d'air comprimé. Cela produit des vibrations de cette colonne d'air, qui, en s'échappant par le pavillon de l'instrument, engendre des vibrations sonores, autrement dit, plus simplement, des sons qui ont une très grande puissance et s'entendent admirablement dans une grande salle.

Nous devons dire que, en dépit de ce perfectionnement très important du phonographe, on ne peut pas disposer d'un disque d'inscription permettant l'enregistrement d'une scène parlée quelconque, d'un chant, d'un discours, durant plus de quelques minutes. Et c'est pour cela qu'il ne faut pas encore penser, avec le cinématographe, ou le phonocinématographe, à reproduire des scènes entières d'opéras. Les scènes spéciales soumises à l'enregistrement doivent être relativement très courtes.

Quant à cet enregistrement simultané des sons et des mouvements, que M. Gaumont, par exemple, présente sous le nom de chronophone, et dont nous avons dit un mot ici, il se fait en deux opérations. C'est qu'en effet, pour qu'un phonographe donne une bonne inscription sur son disque d'un couplet chanté par la personne qui doit mimer la scène, il est essentiel que ce chanteur se place bien devant l'ouverture du cornet chargé de transmettre les sons au dispositif inscripteur; et il est impossible de mimer une scène en s'astreignant à se tenir ainsi tout près de l'appareil : d'autant qu'alors les photographies successives prises par le cinématographe révéleraient elles-mêmes la présence du pavillon du phonographe.

En pratique donc, on n'enregistre les vues, on ne prend les clichés cinématographiques, qu'après avoir fait l'inscription phonographique. Mais sur la reproduction par galvano-plastie de cette inscription, on marque un petit repère qui indique exactement le commencement de tel chant, par exemple l'endroit où il faudra placer la pointe de l'instrument quand on voudra repoduire ce chant; et cela va servir tout de suite à la prise des vues cinématographiques devant l'accompagner.

On passe ensuite à la reproduction visuelle de la scène, et l'on commandera les mouvements du cinématographe par la rotation même du phonographe, qui tournera à raison de 90 tours à la minute, tandis que le cinématographe sera disposé pour prendre 960 images durant ce même temps. Les artistes ou l'artiste (si nous n'en supposons qu'un seul) se guidera sur le chant du phonographe pour mimer la scène : il devra, à tel moment, faire exactement les gestes qui correspondent aux mots que répète l'instrument. On mettra du reste sur la bande cinématographique un ou plusieurs repères qui se trouvent sur l'inscription phonographique. Quand ensuite on placera la pointe reproductrice du phonographe sur le repère, puis qu'on fera arriver le repère correspondant des vues dans la fenêtre de l'appareil de projections cinématographiques, et qu'enfin on mettra en marche les deux appareils tournant aux allures respectives que nous avons indiquées tout à l'heure, on entendra les paroles voulues et correspondant exactement aux gestes, aux phases de la scène que donnera le cinématographe.

Il y a, bien entendu, une foule de difficultés à vaincre pour arriver à un résultat parfait; mais on en sait maintenant triompher, et l'on rencontre, au moins à Paris, des théâtres exclusivement consacrés aux représentations phono-cinématographiques.

LA VOITURE AUTOMOBILE DEPUIS SES DÉBUTS

Il n'est pas nécessaire d'être un spécialiste, un technicien, pour se rendre compte que la voiture automobile, qu'on a appelée si longtemps le véhicule de demain, est sur le point de devenir définitivement le véhicule d'aujourd'hui. L'automobilisme, comme on peut s'en rendre compte, est de plus en plus appliqué aux transports en commun, aux services d'omnibus, et nous verrons plus loin le rôle qu'il peut jouer sur les chemins de fer; enfin on se préoccupe d'y recourir pour le matériel militaire, et pour rendre plus puissant encore cet armement défensif dont on est obligé de rechercher les perfectionnements en dépit des désirs de paix. Aussi le moment semble-t-il bien venu de se rendre compte par quelques comparaisons, et par un rapide retour en arrière, des progrès faits dans la construction, le fonctionnement de la voiture automobile depuis moins de trente années.

Les expériences absolument pratiques de Cugnot, dont on a souvent reproduit et cité le fameux chariot à vapeur, qui roulait bien puisqu'il alla un jour renverser un mur!

remontent, il est vrai, à plus de cent ans; car c'est en 1770 qu'elles se poursuivaient. Mais en réalité, si d'autres inventeurs, depuis Cugnot, se sont préoccupés de cette même question, on peut dire néanmoins que le progrès fut arrêté pendant plus d'un siècle; tous les véhicules à vapeur que l'on vit circuler sur les routes de France, d'Angletere, prêtaient surtout à la caricature; et le gros public ne s'y intéressait point, à la fois parce qu'ils ne paraissaient guère susceptibles de rendre des services, et aussi parce qu'on était tout à l'enthousiasme excité par le merveilleux instrument de transport que constituait le chemin de fer. Ce fut vraiment l'apparition de ce dernier, assez peu de temps après qu'on eut introduit des perfectionnements sensibles dans les voitures mécaniques, à l'instar et sur les traces de Cugnot, qui interrompit tout progrès sérieux dans ce mode de locomotion, qui aurait fait abandonner l'usage des voitures à chevaux, s'il avait réussi.

C'est que le chemin de fer, la surface de roulement idéale que donne la double file de rails, permettait de déplacer, de transporter des poids très lourds, à des vitesses bien supérieures à celles auxquelles on était accoutumé, et en n'employant pour cela qu'une force relativement réduite. Il ne faut pas ignorer que ce qu'il y a de plus précieux dans ce que nous nommons maintenant du nom générique de chemin de fer, c'est bien plutôt la surface unie du rail que la locomotive, qui constitue pourtant un engin admirable. On ne se figure point combien il faut un effort réduit pour déplacer même une lourde charge sur des rails : un chat traînerait sans fatigue le poids d'un homme; un cycliste déplacerait aisément, par la force de ses jarrets, une charge de 1 000 kilos, en se contentant, il est vrai, de la vitesse de 8 kilomètres à l'heure.

On savait que la résistance sur les routes les mieux entretenues était au moins six ou sept fois plus considérable que celle qu'on rencontre sur la surface de la voie de fer, et il semblait dès lors inutile de songer à la locomotion mécanique sur routes de terre.

Il faut dire que l'on ne disposait comme moteur que du

moteur à vapeur, et qu'on ne savait pas le faire de petites dimensions, peu encombrant par sa chaudière comme par son foyer.

C'est vers 1873 qu'on commença de pressentir la possibilité d'établir des moteurs à vapeur bien différents, occupant

M. Serpollet sur son premier tricycle à vapeur.

un espace réduit, produisant de la vapeur au fur et à mesure qu'on en avait besoin; d'autre part, on avait imaginé le moteur à gaz, moteur tournant dont le fonctionnement est à peu près identique à celui du moteur à pétrole, et qu'on allait pouvoir installer sur un véhicule, en l'alimentant avec des vapeurs d'essence. Mais ce qui devait encore bien plus faciliter l'essor de la voiture automobile, dont le chariot de Cugnot avait été un des précurseurs, c'est que le bandage

pneumatique faisait son apparition; et, après avoir assuré le
triomphe du vélocipède, du moins de la bicyclette, cette
diminution du cycle primitif à grande roue, il est venu
donner à la voiture mécanique une surface de roulement
presque parfaite, rappelant un peu le rail, et formée de la
couche d'air qui est emprisonnée dans la chambre à air, et
qui s'interpose entre le sol et les roues. Cela assure une dou-
ceur de roulement qui évite les secousses et les heurts au
moteur, en supprimant en grande partie les dénivellations
innombrables de la route.

Malheureusement ce bandage pneumatique coûte cher; il
laisse encore à désirer pour les voitures très lourdes, sous
lesquelles il crève trop souvent; mais enfin c'est à lui et aux
transformations considérables des moteurs qu'on doit la
renaissance et le triomphe réel de la voiture mécanique
moderne.

Quand, vers 1873, on recommença à s'occuper d'automobilisme, on vit apparaître d'abord des omnibus ou voitures
d'assez grandes dimensions, du système de M. Bollée, et
mues par la vapeur. Les efforts de ce constructeur se conti-
nuèrent un peu isolément jusque vers 1885, époque où
apparut la maison de Dion et Bouton, qui se consacra surtout à la construction de tracteurs, sortes de chevaux mécaniques s'attelant devant un véhicule ordinaire pour le remorquer.

En fait de voiture automobile légère, se rapprochant un
peu de l'automobile réservé au transport individuel qui a
fait fortune maintenant, on voyait de timides essais de tri-
cycles mécaniques, application de la propulsion à vapeur sur
une sorte de cycle à trois roues. Un des essais les plus intéressants à citer à ce point de vue est le tricycle de M. Serpollet, dont nous donnons la photographie, et qui a le droit
de figurer dans un musée des Antiques de la Locomotion automobile, bien qu'il remonte tout simplement à l'année 1887.
Cela manquait absolument de confort, mais c'était une étape
franchie, et d'autant plus intéressante à signaler que M. Serpollet a poursuivi depuis près de vingt années ses efforts

acharnés, et qu'il a transformé successivement son modeste
tricycle du début, pour en arriver d'abord à une voiture à
trois roues qui, quoique ressemblant assez peu aux automobiles perfectionnées actuelles, était vraiment une voiture, bien
digne de faire oublier le tricycle primitif. Qu'on en rapproche
du reste tout de suite le dernier modèle de voiture à vapeur

Une des premières voitures automobiles.

créé par M. Serpollet, voiture qu'on confondrait facilement
avec une automobile à pétrole.

Les photographies ci-jointes donnent pour ainsi dire un
résumé graphique des admirables progrès accomplis dans
l'automobilisme en moins de 20 années.

Bien entendu, pendant que les partisans de la vapeur
défendaient leurs préférences par des succès pratiques, l'électricité d'une part et surtout le moteur tonnant donnaient
lieu à des travaux et à des efforts persévérants qui devaient
amener à des résultats au moins aussi heureux, notamment
pour ce qui est de l'essence et du moteur tonnant. Ce fut le
moteur Daimler, d'abord imaginé pour la production de la
puissance mécanique à poste fixe, qui, le premier, fut ins-

tallé sur des voitures pour les mouvoir, voitures sortant de la maison Panhard-Levassor. C'est précisément une voiture de cette marque qui triompha en 1895, au mois de juin, dans cette course de Paris-Bordeaux qui fut la première course automobile sur route, et qui remonte à un passé déjà bien loin pour beaucoup de nos jeunes lecteurs. A cette même course prirent part bien d'autres voitures, car les constructeurs se multipliaient aussi rapidement que se faisaient les progrès. C'étaient les automobiles Peugeot, Delahaye, Roger, etc.

Aujourd'hui les marques, c'est-à-dire les constructeurs sont devenus légion : un catalogue de plusieurs centaines de pages suffirait à peine à énumérer tous ceux que possèdent les divers pays du monde. Et il faut un palais immense pour contenir tous les types qui commencent d'ailleurs à se ressembler considérablement, les améliorations imaginées par quelques-uns s'étant généralisées maintenant un peu partout.

Comme pour toutes les inventions qui entrent réellement dans la pratique, on adopte en effet de plus en plus un modèle général réunissant, ainsi que nous venons de le dire, les différents perfectionnements apportés par les inventeurs, les chercheurs de tous pays. Rien ne ressemble plus à une voiture de construction française qu'une automobile d'une autre marque française, ou d'une maison anglaise, italienne ou belge : à moins, bien entendu, qu'on n'examine des petits détails, qui ont leur importance, mais ne s'accusent pas à l'œil. Et nous sommes au moment où la voiture automobile, jusqu'ici instrument tout à fait de luxe à la portée seulement des gens très riches, ou du moins dépensant sans compter, va s'abaisser de prix dans des proportions considérables et être à la portée d'une foule de gens. Elle se fabrique couramment par série, ainsi que disent les industriels; de grandes usines métallurgiques se sont mises à créer un matériel spécial pour emboutir les châssis de ces voitures, qui se font aujourd'hui en tôle d'acier estampée sous une puissante presse, au lieu de se faire en tubes ou même en bois. Et ce procédé de fabrication abaisse considérablement le prix du châssis, en rendant sa confection rapide et simple.

Pour mieux accuser encore la transformation extraordinaire accomplie dans ce domaine de la locomotion automobile, nous rappellerons rapidement les allures que la voiture

Dernier type de voiture à vapeur.

mécanique a pu donner à certaines époques de son histoire. En 1895, lors de cette fameuse course de Paris-Bordeaux à laquelle nous faisions allusion, on avait atteint une moyenne de 24 kilomètres à l'heure à peu près. Dès 1899, dans une autre course, on dépassait 49 kilomètres; en 1904 on arrivait au chiffre de 91 kilomètres. C'étaient des vitesses tenues longtemps, mais, bien entendu, dans des conditions un peu particulières. Et si l'on cherche les allures les plus rapides données par cet engin dont les perfectionnements sont si récents. nous ne parlerons plus de 130 kilomètres à l'heure, ce qu'on avait considéré un moment comme le maximum possible; ni même de 174 kilomètres, vitesse réalisée sur un kilomètre, il y a fort peu de temps : il nous faut noter maintenant les allures de 200 à 205 kilomètres à l'heure.

Ce sont évidemment des vitesses folles, impraticables sur les routes ordinaires, et fort coûteuses par suite de l'énorme moteur qu'il faut pour les obtenir; mais c'est un chiffre qui

Automobile de course.

parle éloquemment des perfectionnements de la voiture mécanique. On peut dire aujourd'hui que, au point de vue mécanique et technique, l'automobile est arrivée à sa forme définitive; les améliorations qu'on cherche à y apporter, en ce qui touche le fonctionnement, ne peuvent être que de détail. Mais il y a encore à faire pour mettre la voiture auto-mobile à la portée de tout le monde, ou du moins d'un nombre considérable de gens. Il arrivera certainement un jour où la production mécanique assurera un réel bon mar-ché, et bien des gens auront un petit véhicule mécanique qui n'ont pas aujourd'hui un cheval.

LES AUTOMOBILES MILITAIRES

MALGRÉ les paroles de paix qui sont prononcées par tant de gens autorisés, par des souverains mêmes; malgré les efforts souvent heureux qui ont été faits pour résoudre pacifiquement les différends qui s'élèvent entre les peuples, tout comme sont résolus les différends entre particuliers; nous n'en sommes pas encore arrivés au règne idéal de la paix. Et comme on peut toujours être exposé à se voir attaqué par le voisin, il faut continuer de mettre en pratique le fameux proverbe latin : « *Si vis pacem, para bellum* », autrement dit : « Prépare la guerre pour t'assurer la paix ». Et l'on cherche un peu partout à rendre plus redoutables et plus efficaces les moyens de défense dont on dispose.

Non seulement on perfectionne les canons, on invente des cuirassements plus résistants pour les navires de guerre; mais encore on tente de tirer parti, au point de vue militaire, de ces véhicules mécaniques qui commencent de faire merveille pour les transports ordinaires, de ces voitures automobiles auxquelles on recourt de plus en plus de tous côtés. Dès que l'automobilisme a montré ce qu'il pouvait, même sous une forme encore un peu élémentaire, les militaires se sont dit qu'il y avait là un instrument nouveau de traction et de transport dont l'adoption pourrait donner de précieux résultats, ainsi qu'il en est toutes les fois que l'on recourt aux machines, dans n'importe quel domaine.

Voici longtemps que l'on a essayé, dans les diverses armées, d'employer la traction mécanique pour les innombrables convois d'approvisionnements dont on a besoin, même en temps de paix : munitions, pain, fourrages, etc.; et tout le monde a vu circuler ces lourdes locomotives routières traînant derrière elles les fourgons bien connus, qui sont ordinairement attelés de chevaux ou de mulets. Mais les locomotives routières sont fort pesantes, de marche très lente, et il ne faut pas songer à les faire passer dans des

routes étroites et mal entretenues. Il en est tout au contraire
des automobiles; et non seulement des voitures plus ou
moins légères, faites pour transporter les personnes à bonne
allure, mais encore de ce qu'on nomme les tracteurs automobiles, sortes de camions dotés des mêmes moteurs que les
voitures proprement dites, et pouvant tout à la fois porter
par eux-mêmes une charge et remorquer un nombre plus ou
moins élevé de chariots également chargés. Ces camions
marchent à une allure qu'il est permis de qualifier de très
rapide, par rapport aux vitesses que l'on obtenait jusqu'ici;
ils sont de conduite facile, et leur moteur, lors même qu'il
est à vapeur, ne ressemble guère à celui des locomotives
routières, qui rappelle beaucoup ce qui se faisait dans les
chariots mécaniques d'il y a quarante ou cinquante années.
Quand il s'agit de véhicules à pétrole, le combustible, c'est-à-
dire la matière employée pour carburer l'air et produire les
explosions dans le cylindre, tient peu de place, et peut être
facilement renouvelé pour les approvisionnements des
voitures automobiles militaires.

Aussi, dans les grandes manœuvres, voit-on de plus en
plus mettre à contribution les automobiles sous leurs
diverses formes pour éprouver pratiquement ce qu'on en
pourrait attendre en cas de guerre, et aussi les services
qu'elles sont ou seront bientôt aptes à rendre en temps de
paix. D'une façon générale, pour les transports de vivres,
de munitions, d'approvisionnements, on recourt plutôt aux
convois traînés par des tracteurs, qu'à des camions mécaniques circulant individuellement : et tout simplement parce
qu'il faut bien utiliser les innombrables véhicules des équipages militaires, qu'il suffit de débarrasser de leurs limons
ou timons pour les pouvoir atteler à la file derrière un tracteur automobile. Mais il est bien probable que, quand on
aura absolument reconnu l'avantage de la propulsion mécanique sur la traction animale, on dotera les armées de fourgons, de camions automobiles, circulant isolés tout comme
les voitures régimentaires actuelles, mais ayant sur celles-ci
l'avantage d'une allure beaucoup plus rapide, et la faculté de

faire des parcours considérables, tant que le permet l'approvisionnement de combustible, et sans qu'on soit arrêté par l'épuisement des bêtes de trait, ainsi que cela se produit maintenant. Un simple tracteur automobile, comme on sait en construire dès aujourd'hui, traîne sans peine derrière lui six fourgons régimentaires, contenant 7000 rations de pain, c'est-à-dire de quoi assurer l'alimentation d'une brigade

Évolution de la batterie automobile.

pendant un jour. Et un convoi de cette sorte peut franchir rapidement une bonne distance pour apporter la nourriture aux troupes, en assurant ce service, non moins indispensable que celui des munitions, avec une régularité remarquable.

Nous n'en sommes pas encore à l'époque où l'on transportera les troupes mêmes dans des voitures automobiles, afin de leur éviter des marches fatigantes pour se rendre là où il est besoin d'elles : cela fait un peu sourire, de songer à ces soldats arrivant en voiture, avec un confortable de petites-maîtresses. Mais il faut bien se figurer qu'il est de bonne guerre d'économiser les forces des soldats, de leur épargner les fatigues inutiles; et si les vieux routiers de

jadis seraient indignés de voir les troupes faire des étapes en
chemin de fer, on n'a pourtant pas envie de renoncer aux
facilités que donne ce merveilleux instrument de transport
pour le déplacement, la concentration des armées, la mobili-
sation.

En tout cas, dès maintenant, les officiers tirent un excellent
parti des voitures automobiles faites pour les transports
individuels, dans les déplacements nombreux qui s'imposent
à eux durant les manœuvres, et qui s'imposeraient de même
en temps de guerre : nous parlons particulièrement des officiers chargés de porter des ordres d'un point à un autre, le
cheval le cédant, et de beaucoup, sous le rapport de la vitesse
à l'automobile. Quant aux généraux, qui ont absolument
besoin de suivre tout ce qui se passe le long d'un immense
front de bataille, ils ont aussi, grâce à l'automobile, la possibilité de se déplacer avec une aisance surprenante, et de
revenir de même au centre de leur quartier général. L'automobile, comme on l'a dit, donne presque l'ubiquité.

Enfin l'automobilisme est en train de prendre place dans
les équipages d'artillerie, et de faire oublier le cheval. On
sait que certains constructeurs ont combiné (peut-être un
peu audacieusement) des voitures automobiles blindées sur
lesquelles ils montaient une petite pièce d'artillerie, ou plus
exactement un canon-revolver, une mitrailleuse d'un système
quelconque; il est assez vraisemblable que ces petits canons,
doués d'une mobilité extrême, ont des avantages marqués
sur les engins analogues traînés par des chevaux ou par un
cheval, qui ne peuvent être déplacés qu'à une allure bien
plus lente, et sans que l'on ait la possibilité de transporter
avec la pièce autant d'approvisionnements en munitions que
le permettrait un véhicule automobile. Mais on a fait mieux;
et, nous tenons à signaler notamment, car elle est caractéristique de ce qu'on peut attendre de l'automobilisme en
matière militaire, une batterie de canons automobiles qui
rend de grands services.

C'est dans l'armée portugaise que nous la trouvons :
l'idée même en est due à un colonel portugais, qui doit être

d'origine française, le colonel du Bocage. Le tracteur que
l'on a adopté pour traîner les canons (car on n'a naturellement pas rendu chaque canon automoteur) a été construit
par M. Brillié, un constructeur spécialiste français bien
connu : ce tracteur n'est pas seulement capable de porter
les munitions et presque tous les canonniers nécessaires à la
batterie ; il tire encore derrière lui quatre obusiers d'un

Pièces d'artillerie traînées par un tracteur automobile.

calibre de 158 millimètres, sortant des ateliers Schneider,
c'est-à-dire du Creusot, et pouvant lancer chacun à 8 kilomètres de distance un projectile pesant 40 kilogrammes. Sur
de bonnes routes, tout ce convoi d'artillerie se déplace à une
vitesse d'une douzaine de kilomètres ; et il passe par les plus
mauvais chemins encore plus aisément que ne le feraient des
chevaux attelés aux diverses pièces de canons, accompagnées
de leur fourgon à munitions. Cette batterie automobile peut
aller se poster aux points les plus élevés, en grimpant des
pentes terriblement raides ; mais, dans ce cas, le tracteur
monte d'abord tout seul, pour économiser ses forces ; puis, à

l'aide d'un treuil que met en mouvement son moteur, et d'un câble tournant sur ce treuil, il hale successivement tous les canons.

Un nouveau pas est donc fait dans la voie de l'automobilisme militaire; et qu'on remarque que les canonniers sont tous ici transportés en voiture, ceux qui prennent place sur le tracteur comme ceux qui s'asseyent de part et d'autre de chaque canon. Nous ne sommes donc plus si loin qu'on pourrait le croire du temps où les troupes gagneront le champ de bataille en voiture automobile.

D'ailleurs on commence d'appliquer les camions et chariots automobiles au transport de la viande aux armées en campagne; cette viande étant emmagasinée dans des compartiments frigorifiques où le froid produit et maintenu la conserve en bon état.

OMNIBUS AUTOMOBILES

Nous ne ferons pas une découverte en annonçant que l'automobilisme a fait des progrès extraordinaires de jour en jour et dans tous les pays, et reçoit des applications de plus en plus multipliées. On commence de voir circuler dans nos villes ou sur les routes de campagne des omnibus mécaniques, des voitures de livraison automobiles, des camions à moteurs. Il s'en faut en particulier pour les omnibus des grandes villes et en particulier de Paris, que la traction par chevaux donne pleine satisfaction. Elle n'assure que des transports assez lents qui ne peuvent guère satisfaire les voyageurs; et les compagnies savent combien il en coûte de nourrir et d'entretenir la cavalerie innombrable nécessaire pour traîner les voitures du matin au soir. Même pour un petit omnibus, ne rappelant guère les gros véhicules de Paris, et analogue aux petites voitures légères qui se suivent en file dans les rues de Londres, il ne faut pas moins de douze chevaux, attelés à tour de rôle par paire, pour effectuer les voyages d'une seule journée : c'est là, pour les malheureuses bêtes, un rude labeur, obligées qu'elles sont de s'arrêter à chaque instant à la demande d'un voyageur, pour remettre ensuite la voiture en marche par un pénible coup de collier.

Aussi, pour la rapidité des transports et la commodité des voyageurs, comme pour les bénéfices des compagnies, on a compris qu'il y aurait intérêt à voir se développer dans cette voie la traction mécanique.

A la vérité, voici bien longtemps que des tentatives de ce genre ont été faites pour ce qu'on appelle les transports en commun, par opposition aux véhicules qui ne transportent qu'un ou deux voyageurs, tels les fiacres. Il faut même dire que c'est presque par là qu'avaient commencé les premières manifestations de l'automobilisme. Et quand on fouille dans les vieilles gravures, les anciennes estampes remontant vers 1820 ou 1830, on voit représentées des diligences dotées d'une machine à vapeur encombrante et horriblement bruyante, qui étaient justement des véhicules automobiles de transport en commun. Il y avait toutes sortes de raisons pour que ces tentatives échouassent, à commencer par la complication, le poids, le volume, la difficulté de conduite et d'alimentation des moteurs à vapeur que l'on construisait alors.

Quand, il y a quelques années, l'automobilisme se prit à renaître, par suite de tous les perfectionnements mécaniques imaginés depuis un peu plus d'un demi-siècle, par suite de l'invention de ce moteur à pétrole, de ce moteur tonnant dont nous avons parlé ici en détail, et enfin de l'invention du pneumatique, on songea presque aussitôt à combiner de nouveaux véhicules mécaniques pour le transport en commun de voyageurs, soit sur les grandes routes, soit à l'intérieur des villes. Ce ne devaient plus être des diligences automobiles; mais des omnibus mécaniques. C'est qu'en effet les diligences sont disparues pour toujours avec l'apparition et le développement des chemins de fer, parce qu'elles ont cessé de répondre à un besoin : il n'est plus nécessaire de faire, avec ses bagages, de longs voyages sur les routes de terre. Mais l'omnibus, lui, répond bien à un besoin qui durera sans doute toujours. A la campagne, les voies ferrées ne peuvent desservir tous les villages, ni même toutes les petites villes; et cependant il faut bien mettre les habitants de ces agglomérations en relations faciles avec la gare la plus voisine. C'est le rôle de l'omnibus, assurant ce que les indicateurs de chemins de fer appellent des services de correspondance. Quant aux villes, on ne peut pas y installer des chemins de fer métropolitains ou simplement des tramways desservant toutes les rues; il y a même une foule de rues qui sont destinées à être privés à tout jamais de ces derniers, par suite de leur peu de largeur, le véhicule de tramway, dans l'impossibilité où il est de quitter les rails, constituant une gêne considérable pour les autres voitures. Et puis il faut bien se figurer qu'une ligne de tramways, rien que pour sa voie ferrée, coûte fort cher à établir et à entretenir; alors que l'omnibus automobile roule sur le sol ou sur le pavé ordinaires.

Aussi beaucoup de gens s'étaient-ils figuré, il y a quelques années, que l'automobilisme allait faire immédiatement des merveilles en s'appliquant aux omnibus, soit pour des services de ville, soit pour les communications à la campagne. Mais c'était un peu se hâter; l'automobilisme ne faisait que débuter, et les moteurs que l'on construisait n'étaient pas en état d'assurer, sans avaries, sans arrêts, sans la fameuse *panne*, un service très pénible et continuel comme celui qu'on exige d'un omnibus quelconque. Et la plupart des tentatives qui furent faites alors ne menèrent qu'à des échecs.

Il ne fallait pas cependant en conclure, comme certains avaient été tentés de le faire, que l'automobilisme était incapable de s'appliquer aux transports en commun, et voici qu'aujourd'hui, à la suite d'une expérience laborieusement acquise, à la suite de perfectionnements surprenants apportés à l'automobile en général, on a mis en circulation, un peu partout, des omnibus automobiles.

Les Parisiens eux-mêmes ont vu se multiplier les omnibus automobiles pour le compte de la fameuse Compagnie des

Omnibus, qui était célèbre jadis par la façon dont elle se préoccupait peu de rendre plus rapides ses services. Le fait est que, en présence de la concurrence du chemin de fer Métropolitain surtout, elle songea à accélérer le transport des voyageurs qui se confient à elle; et elle demanda à une série de constructeurs de lui soumettre des véhicules, des omnibus,

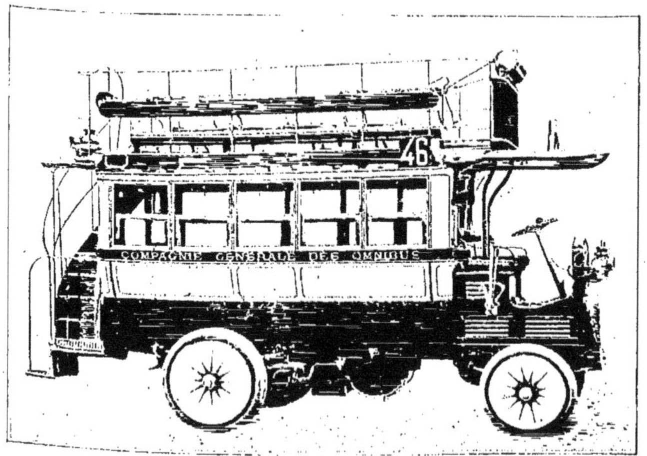

Un autobus.

afin de choisir le meilleur type. Et c'est ainsi que divers constructeurs, les maisons Brillié, de Dion-Bouton, Kriéger, Mors, Serpollet, établirent des voitures destinées à recevoir 30 personnes. L'omnibus Brillié avait un moteur de 24 chevaux, celui de MM. de Dion et Bouton est de 40; ils étaient à essence. Le véhicule de la Maison Kriéger était bien doté d'un moteur analogue, de 24 chevaux, mais la transmission du mouvement aux roues se faisait de la façon particulière qui est spéciale aux voitures dites mixtes Kriéger : le moteur actionnant une dynamo produisant du courant électrique, et ce courant arrivait à des moteurs électriques montés sur les roues, et dont la rotation faisait tourner ces dernières.

L'omnibus Serpollet, lui, ressemblait assez au véhicule Kriéger, à cela près que son impériale était couverte, et surtout que son moteur était à vapeur. M. Serpollet s'était fait une spécialité de ces moteurs appliqués à l'automobilisme à vapeur, où ne se retrouvent plus aucun des inconvénients qui avaient fait jadis échouer les diligences mécaniques dont nous parlions plus haut. Ce sont des engins légers peu encombrants, dont la minuscule chaudière est chauffée, on peut dire automatiquement, par du combustible liquide, pétrole, huile de goudron, etc.

Il faut bien se figurer que ces omnibus destinés à circuler dans Paris, en portant 30 personnes, ne sont point très faciles à établir; car, même complètement chargés, ils doivent pouvoir monter allègrement les rampes très raides qu'on rencontre dans mainte rue de la capitale.

Quoi qu'il en soit, il semble que le succès est assuré, aussi bien pour ces omnibus urbains que pour les omnibus suburbains appelés à suppléer à l'insuffisance des lignes ferrées, à assurer ces services de correspondance dans les gares, auxquels nous faisions allusion. Il faut tout au plus encore perfectionner le fonctionnement du véhicule pour diminuer son usure, surtout celle des fameux bandages en caoutchouc ou pneumatiques, dont le renouvellement entraîne encore tant de dépenses.

C'est en Angleterre (où d'ailleurs les omnibus urbains se sont tant multipliés) qu'on peut bien juger de l'avenir réservé à l'automobilisme en la matière des transports de personnes à la campagne, d'après le succès qu'il rencontre dès maintenant; le fait est que presque toutes les compagnies de chemins de fer ont déjà mis en circulation des omnibus automobiles, parfois des dizaines de ces voitures, pour relier les gares avec les agglomérations environnantes. Sans doute, un omnibus mécanique coûte autrement cher qu'un véhicule ordinaire; il faut bien compter une vingtaine de mille francs. Au contraire, un omnibus ordinaire ne coûte guère plus de 3 000 francs. Mais ajoutons tout de suite que le premier prix comprend aussi le prix des chevaux (qui sont ici des chevaux-vapeur!), de la force motrice, alors que l'omnibus classique, s'il doit faire des voyages nombreux dans sa journée, nécessitera toute une cavalerie, comme on dit, pour le moins 3 ou 4 paires de chevaux (il lui en faudrait même 5 ou 6 paires, s'il prétendait faire le même service et le même travail que l'omnibus mécanique). Et voilà notre service de correspondance qui serait obligé de dépenser au moins 8 000, 10 000, peut-être 12 000 francs, pour l'achat de cette cavalerie. Il faut aussi parler des harnais, qui représentent une dépense sérieuse, et des écuries qui coûtent fort cher à bâtir. Si bien que, finalement, le service effectué par des chevaux coûtera beaucoup plus cher que celui que fera un omnibus automobile.

Ce dernier, en outre, assurera aux voyageurs, aux bagages, et aussi, si l'on veut, aux colis et aux messageries, une rapidité précieuse, qui s'impose de plus en plus dans la vie fiévreuse que nous menons aujourd'hui.

Il y a là certainement un moyen de remplacer les anciens services des diligences, d'omnibus, et aussi d'établir, à peu de frais relativement, des services de transport qui éviteront de construire de coûteuses lignes de chemins de fer ou de tramways.

LES VOITURES AUTOMOBILES
DE CHEMINS DE FER

L'AUTOMOBILISME est susceptible de rendre sur les voies ferrées mêmes des services auxquels on ne s'attendait pas d'abord ; et, dès maintenant, une série de Compagnies de chemins de fer, en France et à l'étranger, recourent plus ou moins à cette combinaison. La Compagnie d'Orléans en particulier est en train de multiplier le nombre des véhicules automobiles qu'elle a en service.

Les voitures automobiles de chemins de fer sont montées sur des roues tout à fait analogues à celles des wagons ordinaires, et elles ressemblent considérablement à des wagons : à cela près qu'elles sont munies du moteur qui fera tourner les roues et avancer le wagon. Et comme celui-ci est partagé généralement en trois compartiments, un pour la première classe, un pour la troisième, un autre pour les bagages (sans parler de la petite cabine où le mécanicien se tient pour diriger et au besoin alimenter son moteur), notre automobile constitue bel et bien à elle seule tout un train, mais un train qui n'a pas besoin d'être traîné par une locomotive; et c'est là justement son grand avantage.

Le moindre train de chemin de fer, composé d'une locomotive et de wagons attelés derrière celle-ci, coûte très cher, lors même qu'on le compose de peu de véhicules, quand il n'y a qu'un petit nombre de voyageurs à transporter. Les locomotives à vapeur ont toutes une puissance relativement considérable, et c'est dilapider leur force que de ne leur faire traîner que deux ou trois wagons. On arrive à ce résultat qu'on brûle beaucoup de combustible, et qu'on dépense par suite une somme importante, sans que le prix des places occupées par les voyageurs puisse couvir ces frais. Et vous ne devez pas vous étonner après cela si, sur les petites lignes que l'on a construites dans maintes régions excentriques de la France, vous voyez les Compagnies se contenter de faire circuler trois trains par jour dans chaque sens. Elles agiraient autrement si elles pouvaient faire rouler un wagon unique, par exemple, offrant au moins deux classes et des places en nombre suffisant pour la clientèle à satisfaire, sans faire fonctionner pour cela une locomotive.

Or, c'est précisément ce que permet de réaliser le wagon automobile. Si bien que les Compagnies anglaises qui y ont recours se sont aperçues que cet automobile leur permettait de donner toute satisfaction au public, en dépensant le tiers de ce que leur coûtaient les trains ordinaires : c'est donc dire qu'elles peuvent multiplier les trains sans y perdre, et, tout au contraire, en y gagnant, puisque les gens voyagent d'autant plus que les déplacements sont facilités par la fréquence des départs.

Nous ne pouvons passer en revue tous les types de wagons automobiles de chemins de fer qui ont été imaginés depuis quelque temps ; naturellement, on n'est pas arrivé du premier coup à la perfection (si elle est de ce monde), c'est-à-dire à des conditions de fonctionnement réellement satisfaisantes du moteur auquel on confie la propulsion du véhicule. C'est surtout au moteur à vapeur que l'on recourt pour ces automobiles, bien que l'on en ait combiné également avec un moteur à pétrole ; en tout cas, c'est toujours de l'automo-

Wagon automobile anglais.

bilisme ; et là où un convoi traîné par une locomotive demanderait déjà deux personnes pour la conduite du moteur, chauffeur et mécanicien, on ne trouve plus ici que le seul mécanicien, le moteur étant de conduite aussi facile que possible, le chauffage de la chaudière, quand il y en a une, se faisant avec cette simplicité remarquable que nous avons signalée dans les voitures automobiles à vapeur de M. Serpollet, lorsque nous les avons décrites.

Si nous examinons d'un peu près les wagons automobiles de la Compagnie d'Orléans, nous voyons, à l'avant, la cabine du mécanicien, qui a sous la main un petit moteur à vapeur commandant les roues d'avant du wagon par des chaînes ; dans une voiture automobile pour voie de terre, nous trouverions des chaînes, mais elles actionneraient les roues arrière.

Le mécanicien a toujours le temps, aux arrêts — qui sont fréquents, puisque l'automobile ne fait naturellement pas un service de rapide — de charger du coke dans le foyer de sa chaudière pour y assurer la production de vapeur. Quant à la caisse de la voiture, qui est derrière la cabine du mécanicien, elle comporte d'abord un compartiment à bagages fait pour recevoir 1 500 kilogrammes de bagages, ce qui est bien suffisant, même au cas d'affluence; puis des compartiments pouvant contenir 25 personnes en première classe et 30 en troisième. Il est bien rare que les trains, sur les lignes secondaires, transportent plus d'une cinquantaine de voyageurs; et du reste, au besoin, on peut atteler un wagon ordinaire derrière une automotrice de ce genre; cela n'empêchera pas le petit convoi de circuler à une allure satisfaisante, pour les petits parcours qu'on lui demande.

Il est à prévoir que ces services d'automobiles ne sont pas destinés à se limiter aux embranchements où les trains sont actuellement si rares; et, dès maintenant, la Compagnie d'Orléans et diverses Compagnies anglaises, la compagnie Paris-Lyon-Méditerranée également, qui a suivi cet exemple, nous montrent ce qu'on peut attendre de l'automobile sur les grandes lignes où circulent de nombreux trains, dont une partie sont des rapides ou des express qui ne s'arrêtent point dans les stations de second ordre. Pour se rendre dans celles-ci, il faut absolument prendre, depuis son point de départ, un train omnibus qui vous fait perdre un temps précieux, et vous impose cette fatigue spéciale que cause la lenteur d'un déplacement.

Pour nous mieux faire comprendre, nous donnerons un exemple qu'on peut appeler vécu, puisqu'il s'applique bel et bien à une petite ville que la plupart de nos lecteurs ignorent, mais qui présente pour notre démonstration cet avantage de se trouver sur la ligne de Paris au Havre : une ligne qui est desservie, du moins en ce qui touche ses stations principales, par un grand nombre d'express. Voici la bonne petite ville de Maromme, qui est située entre les deux gares fort importantes de Rouen et de Malaunay.

Si nous voulons nous y rendre de Paris (et c'est un désir qui doit se manifester chaque année chez un certain nombre de gens), nous n'avons, comme train du matin, que la ressource du convoi qui part de Paris à 8 heures 20 minutes, et qui nous amène à destination à midi et demi environ; on conviendra que c'est un peu lent, pour un parcours de 146 kilomètres, que de mettre un peu plus de 4 heures.

Wagon automobile français.

Alors, pris d'une inspiration, nous laissons partir le train de 8 heures 20 minutes, l'omnibus qui met si longtemps pour franchir cette distance parce qu'il s'arrête partout; et nous sautons dans le rapide, qui part 5 minutes plus tard, et va nous amener à Rouen en moins d'une heure et demie; la solution est admirable, et, arrivé à Rouen, nous prendrons un train quelconque qui nous fera franchir en quelques minutes le trajet si court de Rouen à Maromme. Mais nous avons compté... sans notre hôte, c'est-à-dire sans les nécessités de l'exploitation; et comme un convoi ordinaire coûterait fort cher à mettre en circulation entre Rouen, Maromme et les autres localités secondaires qui se trouvent sur la grande ligne, et où naturellement le rapide ne peut s'arrêter, notre belle combinaison va nous laisser exactement dans la même situation que si nous avions pris le train omnibus à Paris. Le premier train, en effet, que nous verrons passer à Rouen et qui soit appelé à s'arrêter à Maromme, notre lieu de destination, est précisément cet omnibus, venu de Paris en baguenaudant le long de sa route, et que nous n'avions pas voulu prendre à cause du temps qu'il faisait perdre. Supposez, au contraire, l'emploi des automobiles sur les grandes lignes, formant des petits convois peu coûteux et par conséquent aisés à multiplier ; et certainement on pourra en faire partir une de Rouen, au moment de l'arrivée du rapide, pour les voyageurs qui ont l'intention de continuer sur les petites localités comprises entre ce point d'arrêt du rapide et son point d'arrêt suivant.

Avec cette combinaison, avec ces petits convois automobiles, ces véhicules automoteurs, assurant ce qu'on peut appeler le trafic local, plus de ces trains omnibus qui circulent sur toute la longueur d'une grande ligne, comme de Paris au Havre, et imposent une lenteur désespérante à ceux qui se rendent dans une localité et une gare secondaires. On prendra le train direct ou express jusqu'à son point d'arrêt le plus voisin de la station que l'on veut gagner, et là on trouvera une automobile qui desservira le tronçon de la ligne entre ce point d'arrêt de l'express et le suivant.

Il emportera les voyageurs à destination de toutes les petites stations intermédiaires ; il pourra partir tout de suite derrière l'express, sans imposer pour ainsi dire d'attente à ces voyageurs. Et cela sera possible, parce que la mise en circulation de petits convois automobiles locaux sur les différents tronçons de la grande ligne ne reviendront pas très cher à la Compagnie, que le bénéfice sera satisfaisant, bien que le nombre des personnes prenant place dans chaque convoi soit assez faible.

Et voilà comment l'automobilisme est appelé à transformer de façon fort heureuse l'exploitation des chemins de fer, alors qu'il semblait d'abord devoir se limiter à un domaine tout autre.

CE QU'IL FAUT POUR CONSTRUIRE UNE AUTOMOBILE

Tout le monde sait, sommairement au moins, ce que c'est qu'une voiture automobile, c'est-à-dire comment elle fonctionne, et quels sont ses organes principaux et leurs rôles respectifs. Et ce que l'on dit d'un type de véhicule peut s'appliquer également à presque tous les types, parce que l'on commence, chez les différents constructeurs, à adopter des dispositions à peu près constamment identiques dans leurs grandes lignes.

Mais, bien qu'on ait triomphé aujourd'hui des difficultés sans nombre qui se présentaient pour mener à bien une voiture mécanique roulant sur une route ordinaire, et dont le moteur ne fût point trop délicat pour être confié à des gens qui ne sont point généralement des ingénieurs ; bien qu'on sache munir maintenant cette voiture de roues et de ressorts, en même temps que d'un châssis qui ménage au moteur, encore plus qu'au voyageur, les cahots de la route, il est intéressant de voir le travail énorme qu'exige la construction d'une seule voiture automobile, avec tous les accessoires qu'elle nécessite, depuis son moteur jusqu'à sa carrosserie et à son capitonnage.

Lors même que le type de véhicule qu'il s'agit de construire est complètement étudié et mis au point, il faut donner aux différents ouvriers chargés de travailler les matériaux et de fabriquer les organes les plus variés, des dessins de détail et à grande échelle, qui puissent les renseigner fort exactement sur toutes les dimensions et la forme de l'objet qu'ils doivent produire ; et c'est pour cela que le bureau de dessin tient une place importante dans la fabrique. Du reste, comme on construit souvent toute une série de voitures identiques, dont par conséquent les divers organes sont exactement semblables les uns aux autres dans les diverses automobiles; quand les dessins ont été tracés une première fois sur un papier transparent, on en tire un nombre plus ou moins grand d'épreuves en bleu (ce sont les bleus), que l'on remet à chaque ouvrier spécialiste, ou encore à ceux qui sont chargés de monter les organes différents d'un même véhicule.

Un des premiers organes qu'il faudra établir sera le châssis, puisque c'est sur lui que se monte le reste; c'est lui qui supporte la caisse, la carrosserie, et c'est grâce à lui que le moteur transmet utilement son mouvement aux roues, qui sont l'intermédiaire nécessaire au déplacement de la voiture. Nous devons dire tout de suite que ce n'est plus dans l'usine d'automobiles que se font généralement les châssis vraiment perfectionnés; et cela tout simplement parce que ce sont des pièces de métallurgie pour la fabrication desquelles il faut les plus puissantes presses que possèdent les usines métallurgiques, et qui ne seraient point d'un emploi courant dans une usine spéciale. En effet, l'on ne fait plus guère de châssis en tubes métalliques, ces tubes qui ont rendu tant de services pour la bicyclette; ni même en bois ou en bois armé, c'est-à-dire habillé et soutenu par des plaques de tôle d'acier : pour ces châssis, les matériaux en étaient achetés chez les métallurgistes ou les marchands de bois, et l'ouvrier en automobiles les travaillait, les assemblait au moyen de soudures, de brasages, comme on dit, de boulons, de tenons, de mortaises. Aujourd'hui, le constructeur d'automobile, après avoir dressé le dessin des châssis qu'il entend employer, envoie ce dessin chez un grand métallurgiste, qui fait établir les moules, les matrices voulues; et une tôle d'acier, découpée et emboutie d'une seule pièce sous les coups d'une de ces presses dont nous parlions à l'instant, donnera tout le châssis d'un seul morceau, auquel on rattachera ensuite par des boulons ou des rivets les diverses pièces secondaires et les organes du mécanisme, aussi bien

que de la carrosserie. On comprend que cette façon d'obtenir
le châssis est économique, puisque tout se fabrique d'un seul
morceau, en une opération presque unique, sans le long

Atelier de carrosserie automobile.

travail d'assemblage qui était autrefois nécessaire, quand il
fallait réunir les divers morceaux de bois ou les bouts de
tubes formant les éléments du châssis.

La construction du moteur est la principale chose à
soigner, puisque ce moteur c'est la partie réellement vivante
de la voiture, celle sans laquelle tout le reste est inutile. Et,

à moins d'avoir démonté ou vu démonter un engin de ce genre, on ne se figure pas tous les organes qu'il renferme. Certaines parties sont venues de fonte, mais elles nécessitent ensuite des retouches, afin d'offrir des surfaces bien régulières : c'est le cas pour les cylindres, à l'intérieur desquels les pistons doivent se déplacer sans trouver le moindre obstacle à leur glissement. Aussi doit-on procéder à ce qu'on appelle l'alésage de ces cylindres, c'est-à-dire au rodage du métal sur leur paroi intérieure, au moyen d'un instrument d'acier extra-dur, qui tourne dans le cylindre en y détachant des copeaux de métal, jusqu'à ce que la surface soit absolument unie et exactement au diamètre convenable pour le diamètre du piston. C'est dans la salle des tours que se fait cette opération; mais les tours servent à bien d'autres choses que l'alésage des cylindres. Le tour à métaux est l'outil le plus indispensable de la mécanique moderne; et pour presque toutes les pièces du moteur automobile, pour la plupart de celles qui servent à mettre en marche cet engin ou à l'arrêter, qui transmettent son mouvement de rotation à l'arbre moteur et de là aux roues, le tour intervient en quelque manière.

Une série d'engrenages, dents, pignons, etc., ont à jouer un rôle en automobilisme, et un coup d'œil sur la moindre voiture automobile en nettoyage suffirait à en montrer la complication. Et comme ces engrenages, ces dentures sont exposés à des efforts violents, par suite de la rapidité avec laquelle ils tournent, et de l'allure à laquelle se déplacent les voitures, on n'ose plus guère maintenant employer des engrenages obtenus par la fonte. On recourt à ce qu'on nomme les engrenages taillés : dans une sorte de disque en acier très résistant, sur la qualité duquel on peut compter, on découpe la roue à dents, le pignon d'engrenage, et en grande partie au moyen de ces tours qui doivent être multipliés dans une fabrique d'automobiles de certaine importance. De tous côtés, ce ne sont qu'ouvriers ajusteurs devant leur établi, dressant les surfaces métalliques appelées à venir au contact les unes des autres, limant, martelant les innombrables tiges

qui entrent dans la construction d'une automobile : depuis
la tige de direction qui transmet les mouvements sur la droite
ou sur la gauche aux deux roues de devant (par l'intermédiaire généralement de roues dentées ou de tiges), jusqu'aux
petites tiges qui actionnent les soupapes et les font s'abaisser
ou se relever, suivant la phase du fonctionnement du
moteur. Et n'oublions pas de mentionner les mécaniciens

Atelier d'essai des moteurs.

qui coupent, courbent, préparent les tubes et les tuyaux
amenant l'hydrocarbure du réservoir au carburateur, ou de
celui-ci à la chambre d'explosion ; ceux qui martèlent les
barres d'acier pour les transformer en arbres de manivelles,
ou qui préparent les disques destinés à devenir des volants.

Le plus généralement des séries d'ouvriers, au moins dans
une grande maison comme ces usines Daimler où ont été
prises les photographies que nous reproduisons, ont une
même spécialité ; et ils se livrent continuellement à la fabrication des mêmes organes, qu'ils arrivent à produire vite et
bien. Il y a, encore une fois, une grande variété ; et l'on peut
s'en rendre compte en visitant le magasin de l'usine où l'on

garde en réserve les pièces détachées, pour pouvoir remplacer immédiatement une avarie dans une voiture entièrement construite.

Nous n'avons rien dit des ressorts, mais ils sont indispensables, en dépit des pneumatiques, et leur fabrication demande à être soignée. Celle des essieux est toute une science, d'autant plus qu'ils doivent être forgés au moyen d'une tige d'acier ne présentant pas le moindre défaut : en effet, avec la vitesse que prennent les automobiles, ces organes subissent des efforts constants et des vibrations qui auraient bientôt fait de les mettre hors d'usage, s'ils n'étaient d'une solidité à toute épreuve. Et un essieu qui se brise, c'est un accident le plus souvent redoutable pour ceux qui se trouvent dans la voiture.

Une des phases les plus intéressantes de la construction de la voiture automobile, c'est certainement celle du montage du moteur : ses éléments étaient là tout à l'heure, quelque peu épars, et à coup sûr sans lien logique les uns avec les autres ; et voici que peu à peu on les rapproche, on les unit, on les monte, ainsi qu'on dit. Bientôt l'un ne peut pas se déplacer sans entraîner le mouvement chez les autres ; et finalement cette solidarité mécanique fait que tout le moteur est prêt à fonctionner, chaque organe jouant le rôle qui lui a été assigné par le constructeur, et qui a été prévu dans sa fabrication. C'est un moment très curieux que celui où le moteur est complètement achevé de monter, et où on l'essaye, en lui fournissant, aux moyens de tuyaux flexibles qui viennent d'un réservoir général, le pétrole nécessaire à sa marche, en faisant arriver de même par des fils électriques le courant qui assurera l'inflammation du mélange explosif formé dans la chambre du cylindre. C'est l'instant où l'on va pouvoir juger de la bonne construction du moteur, du montage correct de ses différents organes.

Même si cet essai réussit, il s'en faut cependant que tout soit fini : d'abord il faut mettre le moteur en place sur le châssis, monter ensuite les différents mécanismes de commande, puis ceux qui transmettront l'impulsion du moteur

Le magasin des châssis.

aux roues ; sans parler de celles-ci, qui ont été construites dans un atelier à part, le plus souvent en bois, puisque rien ne semble devoir détrôner les qualités du bois pour cet usage.

Quant aux bandages pneumatiques, si indispensables, ils arrivent tout fabriqués d'usines spéciales, et on n'a qu'à les mettre en place.

La voiture est alors prête à marcher, puisque son châssis est terminé, ce mot châssis étant employé ici pour désigner la partie motrice de la voiture : non pas seulement le cadre métallique, avec le moteur qu'il supporte, mais encore les roues qui le portent. Il reste encore à faire la carrosserie et à la mettre en place ; et bien qu'il s'agisse là d'une caisse de voiture, comme la carrosserie automobile diffère sensiblement de celles des voitures ordinaires à chevaux, ce sont également des ouvriers spéciaux de l'usine d'automobiles qui font le plus souvent la caisse du véhicule mécanique. Les formes possibles en sont très variables, comme on peut le voir dans la rue ou sur les routes ; mais, de plus en plus, on tend à abandonner la voiture découverte, le phaéton, qui avait d'abord été adopté d'enthousiasme par les adeptes de l'automobilisme. Maintenant, on comprend qu'il est plus pratique de recourir à un landaulet, qui permet de voyager à découvert durant le beau temps, ou à un coupé, à une limousine, qui offre beaucoup de place et donne tout confort pour un long voyage.

Et, si l'on poursuit jusqu'au bout cette promenade dans une usine d'automobiles, à la suite du hall où se trouvent rangés en ordre de bataille les châssis tous pareils attendant d'être dotés de sièges et d'une caisse, on pourra apercevoir telle partie de l'usine où la transformation finale du châssis s'opère, et où l'on voit voisiner coupés et landaulets, phaétons et limousines, prêts à répondre aux désirs ou aux besoins divers de la clientèle.

CE QUE DEVIENNENT LES AUTOMOBILES

NOTRE question est des plus sérieuses, et ne rappelle point celle qui est classique à propos des vieilles lunes et de ce qu'elles deviennent. Le fait est que, jusqu'à ces derniers temps surtout, les automobiles vieillissaient rapidement. Ces voitures n'étaient pas construites assez solidement pour continuer de donner satisfaction durant de longues années à leurs propriétaires; d'autre part, la technique progressait constamment; et l'on se lassait bien vite d'un véhicule qui paraissait antique à côté des nouveaux modèles, qui n'offrait pas les mêmes avantages, dont le moteur était, par exemple, déplorablement bruyant auprès des moteurs nouveaux, etc. Et très souvent un automobiliste mettait son auto au rancart pour en acheter une neuve, dotée de tous les perfectionnements... du moment.

On comprend que la mettre au rancart, cela signifiait tout simplement vendre « le vieux tacot ». pour employer le mot consacré dans le langage spécial. Celui qui l'achetait était parfois un automobiliste désireux de se procurer à bon compte une voiture, ne fût-elle pas à la dernière mode; mais, le plus ordinairement, l'auto était acheté par un marchand spécial qui entendait réaliser ensuite une bonne affaire en revendant son acquisition. C'est ainsi qu'on s'est peu à peu trouvé en face d'un marché très bien garni d'automobiles d'occasion, tout comme on rencontre une foule de marchands vous offrant des appareils photographiques également d'occasion.

Les vieilles automobiles ne sont donc pas livrées à la ferraille, mais relancées dans la circulation, au mieux des intérêts de leurs premiers propriétaires. Les marchands qui les acquièrent de ceux-ci sont d'ailleurs bien souvent des artistes véritables qui savent « maquiller » une vieillevoiture, lui rendre toutes les apparences d'un véhicule flambant neuf et ne demandant qu'à dévorer des kilomètres. Il y a des ateliers où l'on pratique ce genre de travail ; ce n'est pas à proprement parler de la réparation, ce qui suppose quelque chose de fait honnêtement, non pas pour flatter l'œil, mais bien pour remettre autant qu'il est possible tout le mécanisme en état de rendre des services.

L'opération que l'on exécute sur les vieilles autos pour tromper les naïfs, qui cherchent une bonne occasion et se figurent qu'on va leur donner à bas prix une voiture de bonne marque, toute neuve, valant huit ou dix fois plus, cela s'appelle « rebecqueter » une voiture. Jadis, pour les montres, cela s'appelait rafistoler.

On dépense dans l'opération, comme le racontait notre confrère Laville, un vrai talent : tout d'abord on resserre à fond tous les écrous, pour que l'on ne s'aperçoive pas du jeu que le mécanisme a pris ; et partout où l'usure s'est produite, on coule de l'étain pour masquer les creux. On passe vigoureusement à l'émeri toute la tuyauterie, ce qui lui donne un air de neuf, en même temps qu'on astique les cuivres. Sur les différents organes mécaniques, on étendra de la peinture à base d'aluminium là où l'on veut donner l'impression du métal sortant de l'usine, ou bien du vernis noir quand il s'agit d'organe que les fabricants fournissent avec cette coloration, que l'usage et l'usure ont plus ou moins complètement fait disparaître. On revernit soigneusement la carrosserie ; cela peut servir à masquer opportunément les assemblages qui se sont desserrés un peu de toutes parts. Et comme on ne veut naturellement pas faire la dépense de pneumatiques neufs, qu'il est plus simple de rebecqueter les pneus ainsi que le reste, on ne ménage pas le mastic à base de caoutchouc ; et l'on peut alors mettre le client possible en présence de la voiture.

Encore ne la lui montre-t-on d'abord que sous un garage où la lumière est savamment ménagée, pour empêcher les truquages de paraître, et pour faire au contraire chatoyer cuivres et surfaces métalliques de toutes sortes. Le client se laissera sans doute éblouir et ébranler par l'éclat des peintures et du reste. Il n'y a plus qu'à lui prouver que l'auto marche très bien ; et pour cela, on recourt à des chauffeurs experts qui ont bien étudié par avance les points faibles du moteur et arrivent à le conduire sans la moindre panne ; sans doute on ne roulera pas longtemps, car cela suffirait pour desserrer les boulons, pour que le client sente le bruit de ferraille produit par tout l'ensemble qui se dissocierait ; mais comme on marche à bonne allure, avec une facilité apparente qui déconcerterait un moins naïf, l'acheteur se laisse bien souvent prendre, et par la démonstration et par les beaux discours qui accompagnent ; et il signe imprudemment l'engagement d'achat qui le fait devenir propriétaire de la vieille voiture remise à neuf, rebecquetée.

LA CONQUÊTE DE L'AIR
BALLONS DIRIGEABLES

L'HOMME a été tourmenté, pour ainsi dire de tout temps, de l'idée, du désir de se déplacer dans l'air, plus ou moins à la façon des oiseaux.

Ce problème si attrayant sembla d'ailleurs résolu, il y a plus de cent vingt ans, au lendemain de l'invention de Montgolfier, qui permettait effectivement à l'homme de flotter au milieu de l'air, tout comme un bateau le met en mesure de flotter à la surface de l'eau.

Quel que fût son enthousiasme qu'avait suscité l'invention du ballon libre, on ne pouvait s'en contenter longtemps : ce n'était pas là ce qu'on avait rêvé ; ou plus exactement cet appareil nouveau ne donnait que partiellement la solution du problème qu'on se posait depuis tant de siècles. Le ballon de Montgolfier, et même de ceux qui suivirent la voie tracée par lui, mettait l'aéronaute dans la situation d'un batelier qui n'aurait pas même d'avirons ni de gouvernail, pour donner une direction volontaire au déplacement de son embarcation. Avec lui, on n'était point à même d'aller où

l'on voulait, mais de se laisser emporter (et encore dans des
conditions souvent peu heureuses) du côté où soufflait le
vent. Et comme l'homme n'est jamais satisfait de ce qu'il a,
alors qu'il avait aspiré si longtemps à pouvoir s'élever dans
l'air, dès qu'il fut à même de le faire, il voulut mieux ; il
chercha à se diriger en dépit du vent, contre le vent, suivant
sa volonté : tout comme la voile d'abord, la vapeur ensuite,
lui ont permis de le faire à la surface de l'eau. Mais il faut se
rendre compte, qu'avec le ballon, pas plus qu'avec le sous-
marin, on n'est à la surface d'un élément, eau ou air, et la
difficulté est bien autre. C'est l'analogie des deux situations
qui fait qu'on a résolu à peu près simultanément la navigation aérienne et la navigation sous-marine.

Pendant un siècle, on poursuivit donc ce qui paraissait à
beaucoup de gens un leurre : la possibilité de propulser le
ballon, de le diriger dans tous les sens, et aussi de le maintenir à l'altitude où l'on veut se déplacer. Avec les ballons
classiques dont on s'est servi à peu près exclusivement jusqu'à notre époque, on est exposé en effet à monter et à
descendre presque continuellement. Le ballon monte, tant
que le gaz qu'il contenait ne s'est pas dilaté de manière à
remplir complètement la sphère creuse que forme l'enveloppe.
Et si les rayons solaires poussent ce gaz à se dilater encore,
il n'aura de ressource que de s'échapper par des soupapes
ménagées dans le but d'éviter un éclatement. Mais bientôt
l'atmosphère où baigne l'aérostat va se refroidir ; il suffira
d'un nuage s'interposant entre lui et le soleil, ou, au contraire,
du passage du ballon au dessus d'une forêt : le gaz alors se
contractera, le volume du ballon diminuera, et par suite aussi
ce qu'on nomme la force ascensionnelle, c'est-à-dire la différence entre le poids du gaz remplissant le ballon et le poids
de l'air déplacé par l'aérostat. Si bien que l'aérostat va descendre. On ne pourra remédier à cette descente qu'en jetant
une partie du lest, généralement du sable, que l'on a emporté
avec soi en commençant l'ascension. On comprend que le
ballon, ainsi allégé, remontera, puisque la poussée de l'air
est plus forte, la différence entre le poids de l'aérostat et celui

Le ballon *Patrie*.

de l'air déplacé ayant brusquement augmenté au moment où l'on a jeté du lest. Mais quand ce double mouvement de montée, puis de descente, se sera produit un certain nombre de fois, on aura dépensé une trop grande partie du gaz et du lest pour que l'ascension puisse se continuer.

Pour obtenir la véritable navigation aérienne, il fallait donc arriver à se maintenir à une hauteur à peu près constante d'une autre manière; il fallait, en second lieu, donner un mouvement de déplacement au ballon, dans ce milieu essentiellement fluide, mobile, qu'est l'air atmosphérique.

On ne pouvait songer à recourir à des voiles pour le ballon comme pour le navire; car celui-ci peut tirer parti du mouvement du vent par rapport au milieu liquide, dont les déplacements sont bien plus lents. Cela n'empêche que beaucoup de chercheurs se sont figuré trouver la solution de la direction, de la propulsion des ballons, dans l'emploi de voiles savamment établies. Ils auraient pourtant pu remarquer, dans la moindre ascension, que, durant le vent le plus violent, les cordes et agrès pendant le long du ballon proprement dit ou de la nacelle demeurent verticaux et immobiles, l'aéaostat étant emporté à l'allure même du courant aérien dans lequel il plonge. Il n'y a pas de mouvement relatif, ainsi que le disent les techniciens.

Il était indispensable de donner au ballon que l'on voulait transformer en dirigeable une vitesse propre; il lui fallait un propulseur, qui ne pouvait naturellement prendre appui que dans le fluide au milieu duquel le navire aérien baignait, c'est-à-dire sur cet air si fuyant, qui, au premier abord, semble ne devoir présenter aucune consistance, encore bien moins que l'eau, pour qu'une hélice ou des roues à aubes pussent y prendre l'appui nécessaire à la propulsion. On doit se rendre compte aussi (et ce sont des constatations que les inventeurs successifs ont faites le plus ordinairement à leurs dépens que la vitesse du propulseur, par suite la puissance du moteur actionnant celui-ci, devait inévitablement être grande. Il s'en faut en effet de beaucoup que l'Océan aérien soit d'ordinaire calme; il est presque constamment parcouru par des courants, dont la rapidité est proverbiale, et laisse bien loin derrière les plus rapides des courants marins ou des courants des fleuves les plus redoutables. Et parmi les navires aériens d'il y a seulement quelques années (pour lesquels cependant tant de progrès avaient été accomplis), la plupart, tout en pouvant se déplacer quand le vent était nul, se trouvaient dotés d'une vitesse bien trop faible

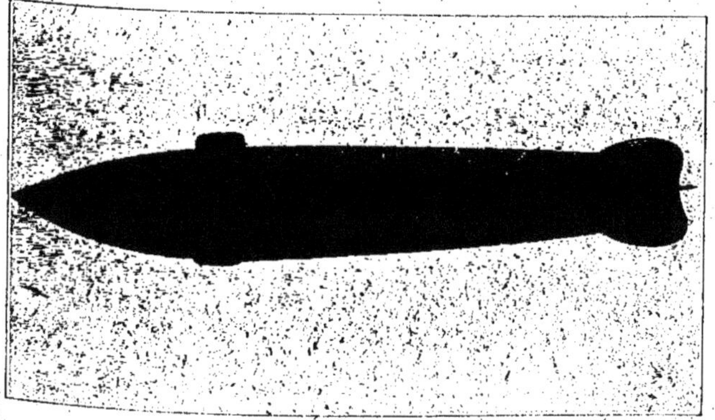

Le *Patrie* vu en dessous.

dès que le moindre vent se faisait sentir. Sans doute, on peut rencontrer le cas très favorable où l'on aura à se mouvoir dans la direction même du vent; mais le plus souvent, au contraire, on a partiellement ou totalement vent debout. Et alors il est essentiel que le navire aérien ait une vitesse très supérieure au vent le plus violent, le plus rapide, qu'il soit susceptible de rencontrer dans ses voyages à travers l'Océan aérien : d'autant, comme nous l'avons dit, qu'il baigne entièrement dans ce fluide animé parfois d'une vitesse vertigineuse.

A chaque instant, en effet, on constate des vents dont la vitesse est comprise entre 6 et 10 mètres à la seconde. Ce n'est guère que cent jours par an que l'on rencontre dans les airs des courants qui n'atteignent que cette allure de 6 mètres; et pendant près de cent jours également, on est exposé à rencontrer des vents soufflant à l'allure d'une douzaine de mètres à la seconde. Il est facile de comprendre que, si le moteur et le propulseur ne donnent au ballon que la vitesse du vent au milieu duquel il se trouve, il se contentera de demeurer immobile; il reculerait peu à peu si sa vitesse était inférieure à ce vent; il avancera si elle lui est notablement supérieure. Les essais auxquels on a pu maintenant se livrer d'une manière suivie, ont montré que, pour se déplacer de façon un peu sensible, le ballon dirigeable doit avoir une vitesse très supérieure à celle du vent, parce que celui-ci procède par à-coups, en présentant des tourbillons tout comme un torrent. C'est ainsi qu'un ballon comme le *Santos-Dumont*, qui ne marchait qu'à 8 mètres, ne pouvait espérer sortir que 40 jours par an tout au plus; tandis que le *Patrie*, qui marchait à 13 mètres, était à même de sortir et de naviguer en moyenne deux cent trente jours dans une année.

N'allez pas, du reste, vous figurer qu'il soit aisé de donner à un ballon, quelle que soit sa forme, une vitesse de 6, 8, 10 et à plus forte raison 13 mètres. Ce milieu aérien, que nous avons trouvé tellement fluide qu'il ne fournissait qu'un point d'appui bien mobile à l'hélice formant propulseur du ballon, n'en oppose pas moins une résistance considérable au déplacement d'un corps : résistance qui augmente démesurément (les spécialistes disent comme le carré de la vitesse, dès que celle-ci commence de croître quelque peu). Ceux de nos lecteurs qui font du cycle, savent qu'un vent contraire gêne souvent bien plus qu'une rampe à monter; et c'est encore la résistance de l'air qui agit dans ce cas. Elle est en proportion des dimensions transversales de l'aérostat, et tout le monde connaît maintenant, on peut dire *de visu*, les dimensions qu'on doit donner à l'enveloppe d'un ballon destiné cependant à transporter bien peu de voyageurs. Pour soulever 3 000 kilogrammes (ce qui n'est pas beaucoup, si l'on tient compte de la nacelle, des agrès, du moteur, de l'hélice et du reste) il faut plus de 2500 mètres cubes d'hydrogène pur, gaz qu'on n'a pas toujours à sa disposition pour gonfler les ballons. Par suite, tout en étant obligé de disposer d'une grande puissance motrice, on n'a guère la possibilité d'installer à bord d'un ballon, pour donner cette puissance, un moteur qui pèse lourd.

La nacelle d'un dirigeable.

Et c'est en partie pour cela qu'on a dû attendre les merveilles du moteur automobile, pour arriver à une solution relativement satisfaisante de la navigation aérienne. Sans doute, voilà bien longtemps que l'on possède l'engin à vapeur; mais, dans ses débuts, il était relativement très lourd; et il a fallu des années et des années pour l'alléger sensiblement, sans que du reste il fût susceptible de lutter à cet égard avec le moteur à pétrole.

La lourdeur particulière du moteur à vapeur, en même temps que les dangers et les difficultés de conduite qu'il présentait dans une nacelle, et au-dessous d'une poche remplie de gaz inflammable, font aussi que l'on a essayé, à une certaine époque, du moteur électrique. Au surplus, depuis de longues années, les inventeurs ne possédaient pas l'hélice, qui constitue un propulseur si remarquable dans l'eau, mais qu'il a fallu modifier considérablement pour l'approprier à la rotation dans l'air.

Si nous suivons rapidement les principales inventions et les progrès les plus caractéristiques qui se sont faits en matière de navigation aérienne, nous allons constater les efforts poursuivis pour obtenir le moteur voulu. Pendant bien longtemps, on n'a osé recourir qu'à la force humaine pour mettre en mouvement le propulseur des ballons soi-disant dirigeables; encore en 1872, Dupuy de Lôme avait combiné un aérostat, mettons un aéronat, comme on dit maintenant, où l'hélice était mise en action par huit hommes; il ne disposait que d'une puissance de 1 cheval-vapeur, qui donnait au ballon une allure de 2 mètres et demi. Il est vrai que, trente ans plus tôt, Giffard avait osé installer un moteur à vapeur sous un ballon, mais il n'avait obtenu qu'une vitesse encore bien insuffisante de 3 mètres et demi à peine. Et cependant Giffard, en admirable technicien, avait combiné un moteur à vapeur d'une extraordinaire légèreté! On essaya ensuite du moteur électrique (nous l'avons dit), actionné par des piles légères; une tentative de ce genre fut faite par les frères Tissandier, dont le ballon ne donna qu'une allure de 4 mètres. Enfin, les capitaines Renard et Krebs, avec leur célèbre ballon *France*, parvinrent à atteindre une allure de 6 m. 50; le *France* fut le premier à décrire une courbe fermée, autrement dit à revenir à son point de départ. Cette vitesse, remarquable pour l'époque, n'était guère encore que la moitié de celle qu'il fallait réaliser pour créer un dirigeable méritant réellement ce nom, et susceptible de naviguer pendant une bonne partie de l'année. On y est arrivé grâce au moteur à pétrole, à explosions, à ce qu'on peut appeler le moteur automobile; mais cela n'a pas été sans peine. Il fallait notamment empêcher que le gaz sortant du ballon ne pût venir s'enflammer, et causer une explosion qui aurait entraîné à peu près inévitablement une catastrophe terrible, comme celle où a péri le Brésilien Severo.

Nos lecteurs savent certainement qu'un des pionniers les plus audacieux dans cette voie nouvelle a été M. Santos-Dumont, qui a construit une série de dirigeables, et a doublé la tour Eiffel dans une journée célèbre. M. Santos-Dumont a fait certainement beaucoup pour la navigation aérienne; mais

Le ballon *Ville de Paris* sortant de son hangar.

son meilleur ballon n'a guère donné plus de 8 mètres de vitesse. On est arrivé à beaucoup mieux, notamment avec ce *Patrie* qui s'est perdu récemment, où l'on avait tiré le meilleur parti de ce moteur automobile trois ou quatre fois plus léger que le moteur à vapeur le moins lourd; mais en réalisant aussi toute une série d'améliorations secondaires, qui sont bonnes à connaître pour quiconque entend comprendre un peu cette question de la navigation aérienne, si pleine d'actualité.

Nous avons expliqué que l'on possède un moteur qui, pour un poids de 4 kilos, donne un cheval-vapeur, au lieu des

600 kilos dont nous avons parlé pour le ballon de Dupuy de Lôme. Mais il faut que la nacelle où est le moteur et le ballon qu'il s'agit de faire se mouvoir soient reliés l'un à l'autre de façon que tout se déplace simultanément; et cependant la réunion du ballon à la nacelle n'est pas rigide. Il importe d'éviter les balancements du ballon, qui ont d'autant plus de tendance à se produire qu'il est taillé à peu près en fuseau, afin d'avancer moins difficilement au milieu de l'air. L'enveloppe peut se plier et se crever en se pliant, surtout si elle n'est pas pleine complètement de gaz, ce dernier ayant tendance à gagner la pointe supérieure du fuseau. Dans ses balancements (cela s'est vu notamment ici avec M. Santos-Dumont), le ballon peut sortir du filet qui sert à soutenir par en-dessous la nacelle, et celle-ci tomber, tandis que celui-là s'échappe, s'il ne s'est crevé en se pliant.

Il est essentiel que notre vrai navire aérien ne se déforme point. Certains inventeurs, comme l'Allemand de Zeppelin, ont prétendu donner au ballon une charpente métallique rigide; cela ne paraît guère réussir. On est arrivé au résultat voulu, particulièrement sur le *Lebaudy* et sur le *Patrie*, combinés par l'ingénieur Julliot, en installant à l'intérieur du ballon un ballonnet où l'on peut au besoin envoyer et comprimer de l'air, au moyen d'un compresseur commandé par le moteur; on peut aussi évacuer une partie de cet air, dans un but un peu plus spécial, que nous allons faire saisir en deux mots. En tout cas, on comprend bien que, si l'on maintient l'enveloppe du ballon toujours tendue, elle demeurera rigide, tel le ballon de football dont le plein reste fait; et cette enveloppe ne pourra plus se plier. Si, par exemple, on est obligé de lâcher du gaz pour parer à une dilatation intense, on envoie autant de mètres cubes d'air dans le ballonnet spécial logé dans le corps de l'autre gros ballon; si le gaz se contracte par suite d'un refroidissement, on envoie de même l'air nécessaire pour rétablir le volume. Quand le gaz tendra à se dilater un peu, des soupapes sensibles laisseront fuir de l'air sous la seule influence de la compression. L'enveloppe demeure donc continuellement tendue, sans pouvoir éclater.

et sans pouvoir également subir de déformations sous aucune action. L'existence du ballonnet a du reste un autre avantage : il permet à l'aéronaute d'alourdir son ballon en y introduisant de l'air, plus lourd que le gaz; l'évacuation d'une certaine quantité d'air correspondra, au contraire, au jet d'une certaine quantité de lest, mais d'un lest qu'on peut renouveler indéfiniment, autant naturellement qu'on possède

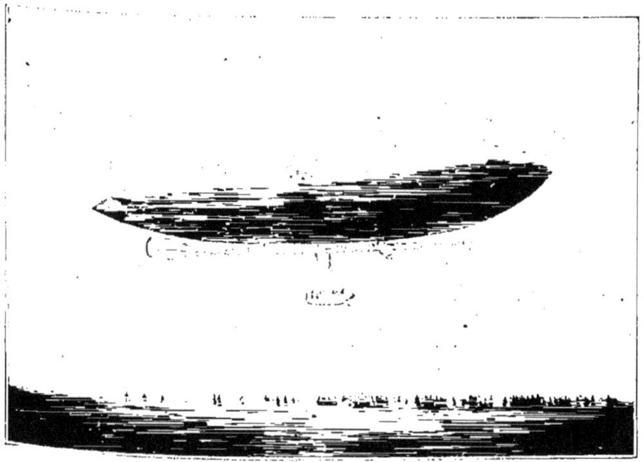

Un ballon *Gross*.

du combustible pour assurer la marche du moteur à pétrole. Le ballonnet compensateur (ainsi qu'on le nomme) assure la rigidité de ce cigare énorme qu'est un ballon dirigeable, et il permet de se maintenir à l'altitude convenable, notamment pour profiter du courant aérien que l'on y rencontre.

Nous avons dit les dispositifs essentiels qui ont rendu possible le ballon dirigeable, dont le prototype était le *Patrie*. Nous devons ajouter que M. Julliot a complété heureusement ses ballons au moyen de ce qu'on nomme les plans d'empennage : ce sont ces espèces d'ailerons horizontaux ou verticaux que l'on voyait au-dessous et à l'arrière du *Patrie*, et qui le faisaient ressembler à un poisson. Ils trouvent une résistance dans l'air, au cas où le ballon tanguerait ou roulerait un peu, et ils annihilent presque complètement ces mouvements dangereux.

De nombreux ballons dirigeables ont été construits ces temps derniers, en divers pays, depuis le fameux *Nulli Secundus* d'Angleterre, les ballons du major Gross et de divers autres inventeurs allemands, jusqu'au *Ville de Paris*, qui a été mis récemment au service de l'armée afin de remplacer le *Patrie* perdu, et à tous ceux qui se construisent pour ainsi dire quotidiennement.

On peut donc dire qu'à l'heure présente le problème de la navigation aérienne est résolu : il n'y a plus à apporter aux navires aériens que des améliorations de détail, et des perfectionnements leur permettant de lutter contre les vents les plus violents. Pour cela il faudra leur donner plus grandes dimensions, moteur plus puissant ; nous devons dire du reste qu'un dirigeable coûte fort cher, et que ce mode de navigation aérienne restera un moyen de transport fort coûteux ; d'autant qu'il faut augmenter démesurément la puissance motrice quand on veut atteindre une certaine vitesse.

LA CONQUÊTE DE L'AIR
MACHINES VOLANTES ET AÉROPLANES

Nous avons eu occasion d'expliquer comment on avait maintenant résolu le problème de la direction des ballons, qui a tant fait travailler les inventeurs depuis plus d'un siècle ; il est curieux de constater que, presque au même moment, on était en train de résoudre également le problème de ce qu'on a appelé l'aviation. D'un côté le plus léger que l'air, de l'autre le plus lourd que l'air : deux expressions qui ont fait fortune, parce qu'elles servaient de pavillon à deux camps opposés parmi ceux qui cherchaient à conquérir le

domaine aérien au profit de l'homme. Sans doute, les
machines volantes diverses, les appareils d'aviation, les aéroplanes n'ont pas eu tout de suite à leur actif des succès com-
plets, comme ces autres appareils plus légers que l'air, qui
s'élèvent d'eux-mêmes par suite de la légèreté relative des
gaz qu'ils renferment; mais des expériences, dont il a été
trop question pour que nous les redisions, sont venues
prouver qu'il était possible de se déplacer dans l'air sans le
moindre ballon, de façon analogue (non pas identique) à

Aéroplane non cellulaire.

celle de l'oiseau. Aujourd'hui d'ailleurs, l'aéroplane a conquis
définitivement l'air, et il semble appelé à détrôner même le
dirigeable.

Ce qui explique cette concordance dans le succès simultané de ces deux procédés nouveaux de locomotion, c'est
que l'aviation a tiré parti, tout comme le ballon dirigeable,
des admirables petits moteurs, légers et puissants, que nous
devons aux progrès de l'automobilisme. Son histoire est
bien longue, faite qu'elle est, durant des siècles et des siècles,
d'essais tout aussi infructueux les uns que les autres : la
force motrice, plus que tout le reste, manquait aux dispositifs
divers imaginés.

Aujourd'hui, le problème est résolu. Si d'ailleurs on a vu
dans leurs vols des planeurs ou aéroplanes, ou si même l'on

se contente de regarder les photographies que nous avons
réunies ici, on se rend compte immédiatement que ces appareils, tout en réalisant ce qu'on peut appeler l'aviation, ne
rappellent que de fort loin l'apparence de l'oiseau; et leur
mode de fonctionnement est bien différent du jeu de l'orga-
nisme de n'importe quel être vivant et volant. Il semble
naturel, quand on veut arriver à imiter artificiellement un
résultat que la nature obtient de son côté, de la copier
exactement dans ses méthodes : c'est le sentiment auquel on
obéit d'abord. Mais on s'aperçoit ensuite que nous ne pouvons atteindre au même but que par des voies différentes, et
le plus ordinairement détournées. Nos ancêtres, tout comme
nous, avaient le désir de s'élever dans les airs; et comme ils
ne possédaient point le « plus léger que l'air », que leurs
connaissances mécaniques étaient très élémentaires, ils ne
songèrent qu'à imiter les oiseaux.

Depuis la plus lointaine antiquité, dans les traductions
comme dans les dessins, les légendes ou même les tentatives
réelles les plus osées, on trouve des gens qui se munissent
d'ailes pour s'élancer dans l'atmosphère. Tout le monde
connaît de nom Dédale et Icare, et dans les dessins de cet
homme génial à tous les égards que fut Léonard de Vinci, on
rencontre des projets d'appareils d'aviation. Tant qu'avec
Icare on s'en tenait aux expériences purement d'imagination,
il était simple de s'attacher des ailes au dos, quitte à ne pas
trop se rapprocher du soleil, de peur de faire fondre la cire
fixant ces ailes! Mais quand on voulut entrer dans la mise
en pratique de ces rêves, on arriva à des catastrophes plus
réelles que celles que nous conte Ovide, le poète latin. Au
Moyen Age notamment, on compte un grand nombre d'audacieux qui, comme plus tard Lilienthal, périrent victimes de
leur hardiesse. Il était absolument impossible de réussir
tant qu'on demandait à la musculature même de l'homme la
puissance nécessaire pour l'enlever et pour le soutenir dans
l'atmosphère; nous verrons que, même avec ces moteurs qui
excitent à bon droit notre admiration, ce n'est pas seulement
les mouvements des organes de la machine volante qui

assurent son maintien dans l'air. Nous ne voudrions pas
entraîner nos lecteurs dans des considérations savantes ni
techniques; qu'il leur suffise de savoir que, pour voler à la
manière de l'oiseau (à condition encore que nous puissions
confectionner les ailes nécessaires), nous devrions disposer
d'une puissance de 4 chevaux-vapeur, c'est-à-dire 80 fois
environ ce dont nous sommes redevables ordinairement à
nos muscles. Et pour nous élancer en l'air, également

Un des aéroplanes Santos-Dumont.

comme le fait l'oiseau au départ, il nous faudrait 1800 chevaux-vapeur. Si notre industrie nous permettait de fabriquer
des ailes aussi légères, proportionnellement, que celles de
l'oiseau, elles devraient avoir au moins 20 mètres carrés de
surface, par rapport à notre poids; et c'est une nouvelle
impossibilité pour nous de voler par nos propres moyens, ou
même de voler du tout, au sens propre du mot.

Ce n'est guère que vers 1860, et, grâce à un Français,
M. de Ponton d'Amécourt, dont le nom est fort peu connu
du grand public, aidé d'un savant illustre, M. Babinet,
que l'on commença de s'engager dans une voie logique.
M. d'Amécourt avait compris qu'on pourrait sans doute se
déplacer dans l'air, après s'y être élevé, en prenant appui sur
ce fluide au moyen de quelque chose qui rappellerait les

ailes étendues de l'oiseau ; il fallait pour cela un mouvement de déplacement, une impulsion constante et régulière, imprimée à la machine. Et comme on ne pouvait songer vraisemblablement à imiter le mouvement des ailes (si simple en apparence, mais si compliqué en réalité), on devrait recourir à une hélice, établie de façon convenable, tournant à l'allure voulue, mue en conséquence par un moteur suffisamment puissant pour l'effort à fournir, et assez léger pour ne pas trop alourdir toute la machine. Nous l'avons montré quand nous avons parlé des ballons : l'air peut fournir un point d'appui tout comme l'eau, où l'hélice rend des services si précieux pour la propulsion des navires. Ce point d'appui est un peu fugitif quand il s'agit de l'air, mais il suffit de disposer d'une hélice tournant assez vite, présentant des dimensions assez grandes, pour qu'elle prenne son point d'appui sur l'air avant qu'il ait le temps de fuir.

C'est à cette conception qu'on est arrivé aujourd'hui, et c'est là qu'on a trouvé la solution du problème. Entre temps, les efforts les plus ingénieux avaient été poursuivis : on avait, comme M. Pénaud, inventé ces petits oiseaux mécaniques, faits d'une légère charpente en bois, avec des ailes en papier, où le moteur était formé de fils en caoutchouc tordus. Ces orthoptères, comme on les nomme savamment, qu'on peut du reste se procurer dans une boutique de jouets, sont demeurés uniquement des jouets. Ils volent quelques instants, mais retombent vite, et font une chute qui serait terrible s'ils avaient un poids appréciable, et surtout si, construits dans d'autres proportions, ils portaient un être vivant.

Au lieu du vol ordinaire par battement des ailes, ce qu'on a cherché à imiter, c'est plutôt le vol plané, auquel se livrent si souvent les goélands ou les mouettes ; c'est comme un glissement sur l'air, au moyen des ailes étendues. L'oiseau prend un élan, de la vitesse, et comme il va glisser continuellement sur de l'air, qui n'a pas le temps de se déplacer, cet air le porte, tout comme l'eau porte un caillou auquel on fait exécuter un ricochet. Jusqu'à un certain point, c'est

un peu ce qui se passe pour un cerf-volant : celui-ci ne se
déplace point, mais c'est l'air qui glisse sous lui, grâce à
l'action du vent, puisqu'il faut du vent pour qu'on puisse se
servir d'un cerf-volant. Que ce soit l'air qui se déplace ou la
surface du cerf-volant, c'est toujours la même chose. Il se
produit sous cette surface une poussée, expression scienti-
fique, mais bien aisée à comprendre, un effort, qui empêche
le cerf-volant de céder à la gravité, c'est-à-dire de retomber
à terre. C'est du reste pour cela que les appareils d'aviation

L'aéroplane vient de partir.

modernes ressemblent bien plus à un cerf-volant qu'à un
oiseau les ailes étendues. Ce cerf-volant est automobile; il
n'attend pas que le vent souffle pour le soulever, car il ne
permettrait pas alors à l'aviateur les promenades en l'air
en toutes circonstances, il ne pourrait s'élever et planer que
par un vent suffisamment intense pour supporter tout le
poids de la machine. Ce cerf-volant d'un nouveau genre,
doté d'une hélice et d'un moteur l'actionnant, va se mouvoir,
glisser sur l'air comme un traîneau glisserait sur la glace;
mais avec cette différence qu'il pourra s'élever ou s'abaisser
suivant l'inclinaison qu'on donnera à l'appareil lui-même,
ou à des plans, à des gouvernails horizontaux rappelant
ceux qu'on installe sur les bateaux sous-marins.

L'appareil volant se déplace en effet au milieu même du
fluide qui est chargé de le supporter, et non point sur une

surface rigide, immuable, comme celle que la glace offre au traîneau. A quelque hauteur, sous quelque inclinaison qu'il fende cette masse fluide, du moment qu'il a quitté le sol, il trouve toujours sous lui un matelas d'air sur lequel il peut glisser en s'y appuyant, à condition que ses ailes, ses surfaces planantes, ainsi qu'on dit, soient suffisamment grandes pour porter sur une vaste surface d'air.

Si, avec cela, d'autres précautions sont prises dont nous allons dire un mot, l'aéroplane alors ne tombera pas, ne s'enfoncera point dans la masse d'air pourtant si fluide : pas plus qu'un alpiniste muni de la raquette ne s'enfonce dans la masse si molle de la neige fraîche.

Quand il prendra son élan, l'appareil d'aviation sera disposé de manière à se relever en avant, et il montera alors sur un plan incliné fait d'air; quand on voudra, au contraire, qu'il redescende, on abaissera cette partie antérieure, et il descendra, toujours suivant un plan incliné. Si l'opération se fait bien, il se maintiendra constamment dans une position où ses surfaces planantes continuent à prendre appui sur le matelas d'air; ce ne sera pas une chute, ce sera une descente gadruelle. Si les choses se passaient autrement, si les vastes plans de soutien se mettaient à s'incliner en avant, la machine tomberait bientôt violemment à terre, comme le fait le caillou plat du ricochet à la fin de la course, quand il ne se maintient plus relativement horizontal et qu'il plonge dans l'eau, plus ou moins verticalement. Du reste, il ne faut pas se faire d'illusions : cet équilibre et cette inclinaison savante à maintenir sont précisément les plus grandes difficultés de l'aviation à l'heure actuelle; et la chute qui entraîna la mort de l'Allemand Lilienthal fut causée par une descente brusque de son appareil, qui manquait de stabilité. Encore maintenant, on n'a pas atteint la perfection absolue, et il n'y a pas longtemps que les vols des Santos-Dumont, de Farman ou d'autres, étaient de courte durée, ne se faisant que sur une distance relativement très faible, justement parce qu'on ne possédait pas le vrai moyen d'assurer l'équilibre parfait de l'appareil volant, de manière à lui faire poursuivre sûrement sa course horizontale, sans qu'il eût tendance brusquement à redescendre vers le sol.

Si nos lecteurs ont bien voulu suivre ces explications quelque peu ardues, ils ont compris que ce que nous appelons des machines *volantes* nous permettent en réalité de glisser dans l'air. Avec les moteurs et l'hélice, le glissement peut être entretenu et prolongé, au moins en théorie, tant

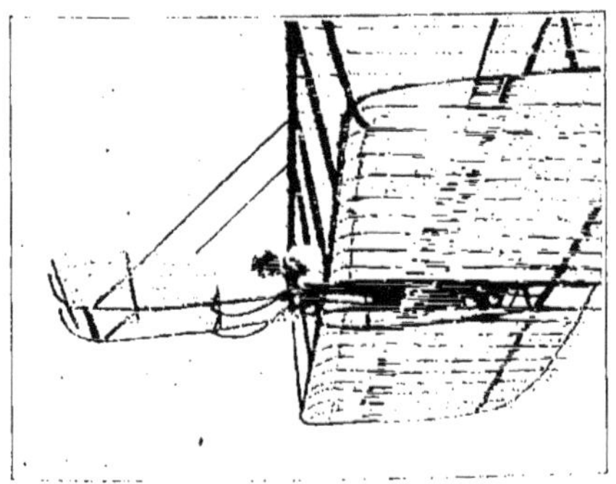

Aéroplane Wright.

que le moteur marche, que l'équilibrage est parfait et sûr; même au cas où le moteur s'arrêterait en plein vol, en plein glissement, la descente se ferait un peu comme avec un parachute, suivant un plan incliné, ainsi que nous le disions. Au reste, avant même qu'on disposât des moteurs légers actuels, on avait exécuté des expériences de glissement qui ont tracé la voie à suivre. Cela a été le cas de Lilienthal : il donnait une première impulsion à sa machine volante, ou plutôt planante, tout comme avec un arc nous donnons une impulsion à une flèche, qui, par ses barbes, est bien elle aussi une machine planante et volante; se lançant du haut d'une tour, il faisait des glissades d'une assez grande étendue. M. Chanute, un Américain, a procédé lui aussi à des expériences du même genre, et c'est lui qui a commencé de se servir comme dispositifs planeurs d'immenses cerfs-volants cellulaires, comme les enfants en possèdent maintenant dans des tailles plus modestes. Tous les appareils volants qui réussissent à l'heure actuelle ressemblent plus ou moins à ces cerfs-volants.

Un aéroplane Blériot.

Les frères Wright, les premiers, ont obtenu des merveilles avec des planeurs cellulaires, des biplans; et c'est sur le même principe qu'a été établi le fameux aéroplane de M. Santos-Dumont, avec lequel, le premier en Europe, il résolut le problème du plus lourd que l'air, en s'élevant du sol et en volant un instant.

Depuis lors, on sait les merveilles, les voyages, les vols audacieux, prolongés, qui ont été réalisés, l'application pour ainsi dire courante que l'on fait de l'aéroplane; mais on ne doit pas oublier que c'est bien à M. Santos-Dumont et aux frères Wright (travaillant chacun de leur côté) qu'on doit le premier succès caractéristique dans cette voie; ceux qui sont venus ensuite, comme MM. Farman, Blériot, Delagrange, ont bénéficié de leurs efforts si ingénieux.

Qu'on remarque bien ce que nous venons de dire : s'élever du sol. C'est qu'en effet, avec le moteur installé à bord des machines volantes et l'hélice qu'actionne ce moteur, on n'a plus à se lancer d'une certaine hauteur, on part du niveau même du sol. Et pour arriver à ce but, on monte l'appareil sur des roues : quand l'hélice commence de tourner, il roule d'abord sur le sol, prend de la vitesse; puis si l'on incline convenablement son gouvernail horizontal, il va

avoir tendance à monter sur l'air, en abandonnant le sol;
les roues ne portent plus, et il commence à voler. L'important est alors que la stabilité soit parfaitement établie et
maintenue, et qu'il ne commence à redescendre que quand
on le voudra. On possède des moteurs qui ne pèsent guère
plus d'un kilogramme et demi pour donner une puissance
d'un cheval-vapeur; ils tournent de manière à imprimer
1500 tours par minute à l'hélice, et certainement on arrivera
à une plus grande légèreté encore, qui diminuera le poids
de la machine et permettra de donner de moins vastes proportions aux plans prenant appui sur l'air, ou d'embarquer
normalement plus d'un passager dans les aéroplanes tels
qu'on les construit maintenant.

Cette question du moteur était primordiale, et voilà de
longues années que le colonel Renard avait annoncé que les

Les expériences de Lilienthal.

aéroplanes seraient les appareils volants de l'avenir, le jour
où l'on posséderait un moteur ne pesant pas plus de 4 kilogrammes par cheval-vapeur.

A coup sûr, il y a encore des améliorations à apporter à ces machines volantes, il faut leur donner une stabilité plus parfaite encore, ne dépendant point seulement de la volonté du pilote de l'appareil et des manœuvres qu'il peut faire. Il faut en ces matières trouver une solution sûre, si l'on veut voir l'usage des aéroplanes se développer et ne plus être limité qu'à des inventeurs ou des expérimentateurs audacieux qui n'hésitent point à exposer quelque peu l'intégrité de leur personne. Au surplus, les progrès se sont faits avec une rapidité surprenante dans cette voie. Et l'on est donc en droit de penser qu'avant longtemps les voyages aériens deviendront pratiques, tout comme les déplacements en ballon dirigeable, plus même que ces derniers.

L'INDUSTRIE DES BALLONS

LES ballons, aérostats ou *aéronats*, comme on dit maintenant, ballons sphériques et ballons allongés, dirigeables ou non, sont aujourd'hui entrés dans la vie courante. Il n'est pas de jour où le ciel de Paris, par exemple, ne laisse apercevoir quelque ballon, et il n'est plus une campagne de nos départements les moins fréquentés, où les populations soient susceptibles de s'étonner beaucoup au passage d'un aérostat, ou en le voyant même atterrir.

Il a donc fallu que, dans les divers pays, il se crée une industrie véritable pour la construction des ballons; ce n'est pas à dire sans doute que les maisons qui se livrent à cette construction soient extrêmement nombreuses; il en suffit d'un nombre assez restreint pour répondre aux besoins et fabriquer en une année un total assez respectable de ces aérostats et aéronats. Mais ces usines se sont spécialisées dans cette industrie, et elles ont combiné les méthodes les plus curieuses, le matériel le plus perfectionné pour livrer dans les meilleures conditions possibles les ballons que des particuliers ou des gouvernements leur commandent : qu'il s'agisse des ascensions faites par plaisir par des gens riches ou des professionnels de l'aérostation qui fréquentent les fêtes de Paris ou de province; ou encore de ces aérostats captifs ou non dont font usage les armées, soit en campagne, soit dans les manœuvres qui doivent préparer les troupes à la guerre.

Dans leur construction comme dans leurs dispositions, les dirigeables aux formes allongées que l'on voit faire de véritables voyages grâce à leur moteur, diffèrent assez sensiblement des ballons sphériques et classiques. Mais une bonne partie des indications que nous donnerons par rapport à ceux-ci s'appliqueront également aux aéronats, c'est-à-dire aux ballons capables de se déplacer dans l'air, et non pas seulement de se soutenir en se laissant entraîner au gré des vents.

Sans qu'on puisse nous accuser de vouloir faire de la réclame à telle ou telle usine, nous pouvons rappeler que la France possède deux grandes manufactures de ballons, qui sont connues dans tous les pays : les usines Lachambre et les usines Surcouf. Et ces maisons ont pris de l'importance du jour surtout où l'aérostation militaire a été créée; c'est qu'alors, en effet, on était assuré de trouver un client régulier et sérieux pour commander des aérostats. C'est à ce moment aussi que l'on commença réellement de ne plus se contenter des traditions des premiers constructeurs, et que les ingénieurs spécialistes se mirent à étudier de très près la façon la plus sûre, la plus rapide, la moins coûteuse également, de fabriquer les divers organes entrant dans la construction d'un ballon.

Bien des choses sont nécessaires pour constituer un ballon.

Tout d'abord, naturellement, l'enveloppe, aussi imperméable que possible, car on y envoie et enferme le gaz hydrogène ou le gaz d'éclairage qui assurera la montée dans l'air du ballon et de sa charge. Nous n'avons pas à dire que cette sphère d'étoffe doit présenter une grande

résistance, et que pourtant elle doit être composée d'une
série de morceaux cousus ou rattachés d'une façon quelconque les uns aux autres. C'est ensuite le filet, qui permet de
prendre appui sur cette sphère en l'enserrant de toute part,
et de façon qu'on puisse suspendre quelque chose en-dessous
d'elle. Il faut, comme organe fort important, mais de fabrication relativement simple, une soupape qu'on dispose à la
partie supérieure; c'est un organe métallique qu'on aperçoit sur une table dans la vue que nous donnons d'un atelier
de construction de ballons; ce mécanisme, dont les mouvements d'ouverture se commandent de la nacelle par l'intermédiaire d'une cordelette, demande à être construit de
façon très soignée. Mais il n'y a là rien de bien particulier,
c'est de la construction mécanique qui ne mérite pas une
description.

A la base de la sphère d'étoffe est une sorte de manche
qu'on appelle l'appendice, mais qui est faite d'une étoffe
exactement semblable à celle du corps de l'enveloppe; elle
demande seulement à être taillée de façon particulière. Il ne
faut naturellement pas oublier la nacelle, qui est en osier
tressé pour les ballons classiques sphériques, dont nous parlons pour l'instant. C'est encore une série de cordes rattachant cette nacelle au filet, et se fabriquant dans des conditions particulières de solidité, avec du chanvre de premier
choix. Puis l'ancre, en métal, sa corde, et enfin le guide-
rope, corde qui a pour mission de traîner par terre quand
le ballon se rapproche beaucoup du sol, et de former frein,
pour faciliter l'atterrissage.

La partie on peut dire essentielle du ballon, c'est son
enveloppe; et c'est pour cela que la plupart des photographies que nous mettons sous les yeux du lecteur se rapportent à la préparation, à la taille, à la confection, au vernissage, au séchage de cette enveloppe.

Nous avons dit que l'étoffe devait en être traitée, imperméa-
bilisée. Une substance pourrait pourtant servir d'enveloppe
sans être ainsi traitée : la baudruche, membrane curieuse
retirée d'une portion de l'intestin du bœuf. Elle peut, pres-

Machine pour le passage de l'enduit caoutchouté.

que indéfiniment, arrêter le passage des gaz, un ballon en baudruche conservant des mois le gaz qu'on y a enfermé ; et, de plus, elle offre une légèreté précieuse. Et quand elle est disposée en huit épaisseurs, comme cela est courant pour des aérostats, elle présente une résistance énorme, tout en ne pesant que quelque 220 grammes par mètre carré. Mais la baudruche ne se peut recueillir qu'en tout petits morceaux, si bien qu'un ballon destiné à enlever seulement deux personnes, est formé de 35 000 morceaux de baudruche collés les uns aux autres !

En somme, les enveloppes en baudruche sont rares, d'autant que cette matière coûte cher, et qu'elle peut se décomposer. On a donc cherché autre chose pour former les enveloppes d'aérostat, qui, le plus généralement, sont faites bel et bien d'une étoffe. Pour les ballons que nous pouvons appeler civils, et pour lesquels on est d'ordinaire plus obligé de compter, on recourt aux tissus de coton, qui sont plus lourds que la soie, et qui imposent l'emploi d'un ballon plus grand. Mais quand on peut se payer cette dépense supplémentaire, il vaut mieux employer un tissu de soie, comme ces pongées fabriqués en Chine et au Japon, et qui, tout en étant très souples, très légers, sont pourtant résistants et reviennent relativement bon marché. Nous devons ajouter tout de suite qu'une épaisseur de ce pongée serait insuffisante, si l'on voulait construire un ballon de grandes dimensions, et où, par suite, le gaz exercerait un effort considérable, surtout dans sa partie supérieure. Et c'est pour cela qu'on disposera couramment deux épaisseurs de cette étoffe ; mais on interpose entre elles une mince couche de caoutchouc, qui les colle l'une à l'autre, surtout étant donné qu'on fait passer cette étoffe composite entre deux cylindres, sur cette sorte de table que représente une des figures qui accompagnent ces lignes. On emploie couramment, pour souder ainsi deux étoffes, ce qui a été inventé en Allemagne sous le nom de *ballonine* ; c'est un ciment à base de caoutchouc dont on peut également enduire d'un seul côté une étoffe employée en épaisseur unique, afin de la rendre imperméable. Du reste, quand on soude ainsi deux épaisseurs d'étoffe, on s'arrange de façon que ce que les couturières appellent le fil, autrement dit la direction de la chaîne de l'une des étoffes. se trouve oblique par rapport au fil de l'autre. On ne se figure

L'intérieur d'un hangar-atelier pour ballons.

pas toutes les difficultés auxquelles on s'est heurté dans les efforts que l'on a faits pendant si longtemps pour préparer un bon vernis à ballons. Il faut qu'en effet il donne à l'étoffe de l'enveloppe une imperméabilité suffisante, et cependant il devra laisser à cette enveloppe toute sa souplesse; et, de plus, ce vernis ne devra pas s'altérer à la longue par suite de son exposition à l'air. On a essayé des vernis faits d'un mélange de glycérine, de tanin, de gélatine; on s'est servi également de vernis à base d'huile de lin, avec addition de caoutchouc.

Nous n'insisterons pas, car ce serait faire un cours sur la construction des enveloppes de ballons, et il est probable que le lecteur ne nous suivrait point. L'étoffe prête, il faut la tailler. Et pour obtenir un ensemble qui se présente sous la forme d'une sphère, il faut préparer des éléments qu'on appelle des fuseaux, ressemblant considérablement, avec des dimensions étrangement supérieures, aux lés de cuir qui servent à constituer les ballons dont on se sert pour jouer au foot-ball, par exemple. Pour tailler ces fuseaux, le constructeur-ingénieur spécialiste trace des *épures*, il fait appel à la géométrie descriptive. Du reste, il ne faut pas croire que chaque fuseau, qui va du sommet au bas du ballon, soit fait d'un seul morceau; pour économiser sur l'étoffe et tirer parti au mieux de celle-ci, on compose ces fuseaux d'une grande quantité de morceaux qu'on peut rattacher les uns aux autres.

Ces diverses opérations exigent de vastes ateliers, comme celui dont nous présentons une vue; on y exécute à la fois le découpage des fuseaux, les coutures et aussi le vernissage. Les étoffes vernies, caoutchoutées, etc., sont suspendues dans ces ateliers mêmes, au-dessus de la tête des ouvriers et ouvrières; comme elles réclament de vastes emplacements, on utilise toute la place disponible, en donnant une grande hauteur de plafond aux ateliers. Pour compléter ce que nous avons dit des fuseaux, nous ajouterons qu'on supprime la pointe trop aiguë qu'ils présenteraient dans la portion tout à fait supérieure du ballon Et l'on forme le haut de la sphère d'une sorte de collerette faite de deux épaisseurs d'étoffe; elle entoure la soupape et rattache toutes les extrémités des fuseaux.

Quant à la confection du filet d'un ballon, c'est un travail qui demande des soins spéciaux et des matières particulièrement résistantes. La corderie aérostatique emploie les substances les plus diverses, depuis le coton, le chanvre et la ramie, jusqu'à la soie elle-même. Seulement il est facile de comprendre que, si l'emploi de la soie assure une diminution précieuse sur le poids du filet et des câbles de suspension divers, ce n'en est pas moins un luxe, et on y recourt assez peu, à cause même de cette question du prix. L'établisse-

La préparation des divers éléments.

ment du filet se fait scientifiquement, on calcule les mailles à l'équateur de cette sphère, suivant les points d'attache des câbles qui doivent soutenir la nacelle. Les mailles sont plus serrées en-dessous de cet équateur, puis elles se dédoublent vers le bas. Là encore les ingénieurs ont dû apporter leurs connaissances spéciales pour répartir les efforts exercés par la nacelle sur toutes les « suspentes », comme on dit, la rattachant au filet; il a fallu des précautions, des études, pour arriver à ce que la nacelle demeure verticale, qu'elle ne tourne pas sur elle-même.

D'ailleurs, cette technique s'est modifiée sensiblement et s'est perfectionnée avec la construction des ballons dirigeables.

Nous avons dit que la construction de ces derniers ressemble considérablement à celle des ballons ordinaires; cependant, pour ce qui est par exemple de la nacelle et de sa suspension en-dessous de ce qu'on a appelé pittoresquement la bulle de gaz, elles bénéficient des résultats admirables obtenus par la métallurgie moderne. Le bois et l'osier notamment sont remplacés par des tubes d'acier au nickel, qui n'ont pas plus de six dixièmes de millimètre d'épaisseur, et qui pourtant ont une autre solidité, une autre résistance que l'osier tressé, matière classique des nacelles ordinaires. Tous ces tubes sont vissés et brasés les uns aux autres, comme les cadres de certaines voitures automobiles; des fils métalliques d'acier viennent donner de l'homogénéité à l'ensemble. Quant à ces suspentes en chanvre, en soie au besoin, dont nous avons antérieurement parlé, elles sont, ici, constituées de câbles d'acier tout à la fois légers et résistants. On comprend donc que le constructeur de ballons a dû maintenant s'aider d'ouvriers et de spécialistes en métallurgie, soit pour la confection des câbles et des tubes, soit pour le montage de tous ces éléments de la nacelle et du ballon.

D'ailleurs, les mécaniciens sont d'autant plus indispensables aujourd'hui dans les ateliers de construction des ballons, qu'il faut mettre en place le moteur à pétrole qui va commander l'hélice, et, par suite, assurer le déplacement de l'aéronat une fois terminé. Il faut monter cette hélice et les mille accessoires mécaniques du dirigeable. Il y a là, comme nous le disions, quelque chose qui rappelle un peu la construction des voitures automobiles, mais avec des différences bien nettes.

Pour contenir la « bulle » de gaz qui permet au ballon de s'enlever de lui-même dans l'air, ou tout au moins de s'y maintenir en équilibre, en dépit de la pesanteur, il faut toujours une enveloppe. Mais ici elle est plus difficile à établir, et à cause des efforts que le déplacement du ballon dans l'air

Essai au ventilateur d'une enveloppe de ballon.

lui impose, et à cause de la forme qu'on lui donne. On sait que c'est la forme classique en cigare, calculée d'après des plans minutieusement établis, et qui diffèrent suivant les constructeurs.

Nous avons eu occasion de dire que le dirigeable doit être rigide ; et le moyen le plus simple pour cela, il semble que ce soit (au lieu de loger dans le ballon ou autour du ballon proprement dit une carcasse rigide), de maintenir à l'intérieur de l'enveloppe une pression relativement élevée. D'où la nécessité pour l'étoffe de cette enveloppe de présenter beaucoup plus de résistance que l'enveloppe du ballon sphérique dont nous avons parlé. Et nous devons ajouter qu'on a voulu réaliser pour cette enveloppe une imperméabilité encore plus effective, afin de pouvoir maintenir longtemps gonflés ces ballons dirigeables, qu'on abrite dans des hangars, entre chaque ascension. Aussi bien, avec le développement des dirigeables, on espère pouvoir les employer assez régulièrement à des déplacements, à des voyages, à des transports, qu'on appelle cela comme on voudra. Et il est par conséquent indispensable que le ballon soit continuellement utilisable, qu'il demeure plein de gaz, qu'il soit à même de sortir, c'est-à-dire de s'élever dans l'air, dès que le besoin s'en fait sentir. Enfin, les pertes d'hydrogène qui se produiraient à travers l'enveloppe représenteraient une perte d'argent sensible, étant donné le coût de ce gaz, étant donné aussi qu'un dirigeable comme on en construit maintenant contient une masse considérable de gaz, et qu'il pourrait s'en échapper beaucoup par la vaste surface de l'enveloppe.

Avec les étoffes vernies servant aux ballons sphériques ordinaires, les trous des coutures qui réunissent les lés et les fuseaux divers s'ouvriraient sous la pression ; et comme conséquence, le gaz trouverait un passage pour fuir. Aussi les étoffes pour dirigeables sont-elles uniquement des étoffes caoutchoutées, et traitées sur ces tables à cylindres dont nous avons donné une vue.

Ces étoffes sont enduites d'une mince couche de caoutchouc vulcanisé, qui se prête sans se déchirer aux efforts et déformations auxquels est sujette l'enveloppe d'un dirigeable. Mais celle-ci est recouverte, en plus, d'une couche intérieure de caoutchouc. Et, en outre, toutes les coutures sont recouvertes de trois bandes d'étoffe caoutchoutée, collées à la dissolution de caoutchouc. De sorte que, en fait, l'imperméabilité est pour ainsi dire encore mieux assurée aux coutures que dans le corps de l'enveloppe.

On ne se figure pas toutes les précautions que l'on prend, et que l'on doit prendre, pour construire une enveloppe de dirigeable. C'est ainsi que ce que nous avons appelé les fuseaux pour les ballons sphériques (et dont les formes compliquées doivent être scientifiquement établies par les techniciens), ne sont pas seulement découpés sur un même patron pour tous ceux qui occupent une place correspondante dans l'enveloppe, mais bien sciés ensemble sur une machine à couper les étoffes. Il est essentiel que toutes les coutures d'un ballon soient faites par une seule et même personne; il lui passera par conséquent par les mains des kilomètres et des kilomètres de ces coutures. Comme d'ailleurs il y a là un travail fatigant, ou du moins nécessitant un effort considérable, la machine qui effectue ces coutures sous la conduite de l'ouvrière, est commandée électriquement. Cette machine est mobile, on peut la déplacer suivant les besoins et suivant les parties de l'enveloppe que l'on est en train d'assembler. Il faut une série d'aides pour remuer l'enveloppe, au fur et à mesure qu'elle se complète et qu'elle représente une masse plus importante et plus difficile à remuer. Des précautions constantes sont nécessaires pour ne pas exercer de tractions violentes et nuisibles sur les coutures déjà faites; et l'on comprend la complication d'une opération qui semble simple en elle-même, quand on songe qu'une enveloppe d'un de ces grands dirigeables que nous voyons de temps à autre passer dans notre ciel, pèse couramment 600 kilogrammes!

Le collage des bandes sur les coutures est long et demande du soin; mais du moins il peut être fait simultanément par une série de personnes,

Quand l'enveloppe est terminée, qu'il s'agisse au reste de

ballons sphériques ordinaires ou de ballons dirigeables, il faut toujours l'essayer, constater si elle ne présente pas de fuites; et l'on recourt alors au dispositif que représente une des photographies qui accompagnent ces lignes. On la gonfle avec de l'air, à l'aide d'un ventilateur qui peut être manœuvré à bras pour un ballon de dimensions modestes, mais qui autrement sera actionné mécaniquement. De toute façon, et tandis qu'on envoie toujours de l'air dans l'enveloppe, on y fait pénétrer une équipe d'ouvriers. Les moindres piqûres, les moindres défauts sont visibles par suite de la lumière qui filtre; et l'on peut coller sur ces petits trous des rondelles d'étoffe qu'on fixe au moyen d'une dissolution de caoutchouc. On surveillera encore des fuites possibles quand l'enveloppe aura pu sécher complètement, après toutes ces menues réparations, et qu'on aura procédé au gonflement à l'aide du gaz.

Nous pourrions ajouter que les ateliers bien installés de construction de ballons ont des appareils divers qui, dans un laboratoire spécial, permettent d'essayer la résistance de toutes les matières employées à l'établissement de l'aérostat ou de l'aéronat. Un dynamomètre permet de soumettre à la traction l'étoffe de l'enveloppe, et de constater qu'elle ne se rompt que sous un effort bien supérieur à celui qu'elle est destinée à subir. Cela est important tout particulièrement pour les dirigeables, qui n'ont pas de filet : l'étoffe de l'enveloppe supporte en effet le poids de la nacelle, par l'intermédiaire de bâtonnets qui sont enfermés dans les ourlets de l'étoffe, et auxquels viennent se fixer les suspentes de la nacelle.

De jour en jour, les ateliers ou usines de construction des ballons se multiplient un peu dans tous les pays; et naturellement, les constructeurs apportent autant qu'ils le peuvent des améliorations aux procédés déjà pratiqués. C'est ainsi que des manufacturiers allemands ont inventé une combinaison nouvelle, qui forme l'enveloppe de six couches extrêmement minces de caoutchouc, déposées les unes sur les autres, et comprises entre deux étoffes de soie, très minces également, qui consolident l'ensemble. Au reste, il y a encore beaucoup

Hall de séchage des enveloppes.

à faire pour tâcher d'abaisser le prix de revient des dirigeables, qui représentent un capital énorme pour transporter seulement quelques personnes.

Malgré tout, les ballons demeureront assez chers pour ne pas être à la portée de toutes les bourses; et il est peu vraisemblable qu'on voie les fabriques de ballons se multiplier comme cela s'est produit pour les ateliers de construction d'automobiles. Ce qui n'empêche que ces temps derniers, en Allemagne, et tandis que les ateliers Zeppelin prenaient une importance nouvelle le long du lac de Constance, la puissante maison d'électricité Siemens se lançait elle aussi dans l'industrie des ballons; et il en était de même d'une autre entreprise d'électricité qu'on appelle « Allgemeine Elektricitäts Gesellschaft ». C'est là un signe des temps, comme on dit. Enfin, tout récemment, on annonçait la création en Amérique d'une maison devant se consacrer à la construction des ballons. Il n'y a pas encore longtemps que la France détenait une spécialité en cette matière; et quand André voulut organiser cette expédition polaire en ballon qui réussit si mal, c'est à la maison française Lachambre qu'il s'était adressé pour faire construire son ballon.

<center>~~~~~~~~~~~~~~~</center>

CE QUE VALENT LES AÉROPLANES
MODERNES

Nous avons dit les admirables et rapides progrès de l'aviation, les résultats auxquels on parvient grâce aux machines volantes, aux aéroplanes imaginés par les inventeurs les plus audacieux et les plus habiles. Les progrès se sont accusés avec une rapidité stupéfiante, des vols ont été soutenus pendant des heures; la mer a été franchie dans des conditions autrement rapides, faciles et sûres qu'avec un ballon classique. On s'est mis, avec des machines volantes, non plus seulement à parcourir des pistes aériennes, mais à effectuer de véritables voyages par-dessus champs, villages, forêts. Ces progrès extraordinaires, cette véritable conquête de l'air, ont suscité l'idée heureuse d'organiser, sur divers points de la France et dans certains pays étrangers, ces semaines d'aviation où l'on devait assister à des démonstrations vivantes des tours de force que les aviateurs accomplissent maintenant presque' en se jouant. Là, se rencontreraient, au-dessus des terrains d'où les suivraient les spectateurs étonnés, toute une série d'appareils construits suivant des principes différents, représentant les théories des divers aviateurs et inventeurs. Cette diversité même constituait une des curiosités de cés semaines d'aviation; c'était un de leur intérêt. Les progrès se montraient d'autant plus importants que l'aviation pratique allait apparaître dans ces pistes aériennes, sous la forme d'inventions et d'appareils variés se distinguant les uns des autres par des tendances et des conceptions bien nettes. Et il faut dire que la plupart des gens, même appartenant au monde savant ou technique, étaient convaincus que, dans les concours, les courses qui auraient lieu durant ces grandes semaines, les appareils des différents systèmes se classeraient avec des valeurs propres peu comparables; qu'on pourrait par suite reconnaître telle machine comme sûrement supérieure à telle autre. Nous éprouvons toujours le désir de classifier nos admirations, même en matière d'art; et là, on l'espérait d'autant plus que cela permettrait de se prononcer en faveur de tel système, et au besoin de faire son choix... pour les gens disposés à acheter un aéroplane et à se livrer au nouveau mode de transport.

Or, chose bien curieuse, et que nous allons expliquer un peu plus en détail, car elle montre l'excellence des solutions diverses trouvées au problème, les différents appareils se valent à peu près. On a pu le constater et dans la semaine de la Champagne et dans les autres manifestations analogues. Et même au point de vue des chances d'accident, elles ne sont guère plus grandes avec une machine qu'avec une autre,

réserve faite naturellement pour les aviateurs qui se livrent
à des acrobaties, et qui y perdent parfois la vie. Il est vraiment stupéfiant de constater qu'on est arrivé si vite à une
sécurité relative dans ces procédés téméraires de déplacement
dans l'air.

Rien qu'à regarder les résultats officiels des récompenses
décernées aux divers aviateurs et à leurs machines, on a
l'impression immédiate qu'aucun système ne s'est accusé
comme nettement supérieur à un autre. Voici, par exemple,
Latham, qui a parcouru la plus grande distance totale sur un
appareil *Antoinette* : c'est un monoplan (tout le monde sait
maintenant ce que cela signifie, et les gravures accompagnant
ces lignes le feraient encore mieux comprendre), et un appareil à queue, ce sur quoi nous allons revenir.

Bien loin derrière Latham et cet appareil *Antoinette* vient
Paulhan, qui, lui, dirigeait un appareil Voisin. Ce type de
machine a été rendu célèbre par MM. Farman et Delagrange :
ce sont des biplans, et cellulaires, ce qui est bien différent
comme construction et comme conduite du type précédent.
Dans les deux genres, on trouve une queue; mais voici
M. de Lambert (l'ingénieur inventeur du bateau glissant) qui
suit Paulhan de très près sur un appareil qui n'est point
muni de queue; un aéroplane Wright : on y remarque, à
l'arrière comme à l'avant, un gouvernail mobile.

Si nous voulons constater comment les appareils se classent dans le prix de la plus grande distance parcourue d'une
seule traite, nous allons voir la classification se modifier
étrangement. En première ligne, nous rencontrons Farman,
c'est-à-dire un appareil combiné par le célèbre aviateur, et
qui est du genre des machines Voisin, mais avec des dispositions spéciales imaginées par celui qu'on a appelé le cham-
pion de l'air; c'est un biplan muni d'un gouvernail à l'avant,
et, à l'arrière, d'une sorte de queue, ou plutôt d'une cellule
faite elle aussi de deux plans d'étoffe. Le deuxième dans
cette classification est ce Latham et son appareil, que nous
avions trouvés tout à l'heure en tête de liste, et de beaucoup.
Paulhan vient troisième, bien loin derrière le biplan de

Farman, et pourtant sur un biplan qui ressemble pas mal
à ce dernier. Dans la lutte pour le prix de la hauteur, nous
voyons le monoplan de Latham reprendre une supériorité
énorme par rapport au biplan de Farman.

En regardant les choses de plus près, nous pourrons
mieux apprécier les différences constitutives de tous ces

Aéroplane Wright en plein vol.

oiseaux artificiels, ne rappelant le plus souvent l'oiseau que
de très loin ; mais cela nous confirmera en même temps dans
cette opinion qu'il est bien difficile de donner la palme de la
supériorité à tel ou tel système.

Ce qui nous frappera le plus, au premier coup d'œil jeté
sur ces photographies, qui font justement défiler devant nous
les principaux appareils aujourd'hui en usage, c'est qu'ils se
divisent nettement en deux catégories : ceux qui ont deux
surfaces portantes, deux plans tendus l'un au-dessus de
l'autre ; et, au contraire, ceux qui n'en ont qu'un. Les
monoplans peuvent du reste continuer de mériter ce

nom même quand leur plan est partagé en deux sections, mettons deux ailes. C'est le cas pour l'aéroplane *Antoinette*, dont nous avons parlé tout à l'heure, et qui se présente aux yeux mêmes de profanes avec un aspect si particulier. Le plan qui permet à l'aéroplane de prendre appui sur l'air, est fait de deux portions constituées par une charpente légère tendue d'étoffe sur ses deux faces : ce sont les deux ailes qui viennent se disposer et se raccorder de part et d'autre de l'espèce de poutre triangulaire qui forme le corps de l'appareil. Quand on voit passer l'*Antoinette*, on a l'impression d'un seul plan, d'une seule voilure soutenant la machine sur l'air où elle glisse.

Au surplus, il ne faut pas vous imaginer que tous les appareils qui se classent comme biplans et comportent effectivement deux surfaces portantes, ou d'appui, ou encore sustentatrices, comme on les nomme dans la langue technique, soient tous identiques ou même fort voisins les uns des autres. Pour être tous deux des biplans, le Voisin et le Wright n'en diffèrent pas moins considérablement. Le Wright est devenu classique et tout le monde connaît sa forme générale, même quand on ne se passionne point pour ce problème pourtant passionnant de la navigation aérienne. Ainsi on voit immédiatement, en examinant la photographie d'un aéroplane Voisin, que ce soit le type adopté et étudié par Delagrange, ou au contraire un de ceux de Farman, qu'il se distingue nettement du Wright, comme on dit dans le langage abrégé de notre époque, où tout se fait et doit se dire vite.

C'est tout simplement que le Delagrange ou le Farman sont des aéroplanes du type cellulaire, qui rappellent un peu par leur construction, et beaucoup par le principe sur lequel ils reposent, ces fameux cerfs-volants imaginés aux États-Unis. La voilure principale de l'aéroplane Delagrange ou Farman est constituée effectivement par deux plans de toile montés sur des cadres solides de bois; mais entre ces deux plans sont disposées des cloisons verticales, formées elles aussi d'étoffe tendue. L'ensemble constitue bien une cellule, ainsi que cela se présente dans les cerfs-volants auxquels nous faisions allusion; de même, à l'arrière de la machine, il se trouve une sorte de queue qui est faite elle aussi d'une cellule, c'est-à-dire de deux plans réunis par deux cloisons verticales. C'est ce qui manque totalement à l'appareil Wright, si justement célèbre aujourd'hui.

Cette différence de construction répond à une façon diffé-

Aéroplane Blériot.

rente d'assurer la stabilité de l'aéroplane, de l'empêcher de pencher dangereusement et de se renverser sous l'influence d'un coup de vent. Pour arriver à ce résultat, on peut recourir soit au cloisonnement, à ces cloisons d'étoffe qui forment des cellules avec les plans principaux; soit à un dispositif tout particulier que l'on met à contribution dans les aéroplanes Wright, et qu'on appelle le gauchissement; soit enfin aux ailerons, dont nous n'avons pas encore parlé, quoiqu'on les rencontre sur certains des appareils que nous avons mentionnés.

Le cloisonnement a cet avantage d'assurer la stabilité automatique de la machine volante sans que le pilote ait aucun appareil à manœuvrer; et ce qui prouve bien l'automaticité, c'est que cette influence des cellules se fait sentir dans ces cerfs-volants Hargrave auxquels nous avons déjà comparé les aéroplanes cellulaires. On sait bien que, dans un cerf-volant, celui qui tient la corde n'a aucun moyen d'aller redresser son appareil quand celui-ci menace de s'incliner sous l'influence d'un coup de vent. Mais lorsque la cellule s'incline, le vent rencontre une des cloisons qui arrive à se trouver obliquement à sa direction; et en faisant effort sur cette surface oblique, il redresse l'appareil, le remet dans sa position normale. C'est un peu comme la dérive d'un bateau que rencontre le courant d'eau, et qui redresse ce bateau au moment où il commençait à se déplacer obliquement.

Étant donné que cette stabilisation est automatique, il est surprenant que tous les aviateurs ne s'accordent point pour l'adopter. Mais il faut songer que la présence de ces cloisons augmente la résistance que la machine volante trouve à son déplacement dans l'air, et que cela est susceptible de réduire sa vitesse. Et le fait est que les Wright volent à 70 kilomètres à l'heure, avec un moteur faible. Ces Wright utilisent un dispositif de stabilité qui n'est point automatique. Il nécessite une intervention du pilote chaque fois que l'appareil s'incline sous l'influence d'un coup de vent, ou en tournant, en prenant un virage. Cela demande une grande présence d'esprit et surtout une grande habitude du pilote. A coup sûr, on ne peut pas dire que cela nuise aux résultats donnés par les appareils Wright, bien qu'on les tienne généralement comme moins sûrs que les appareils français, et surtout que ceux à stabilisation automatique. L'intervention du pilote, dans un Wright, au moment où l'appareil commence de s'incliner sur le côté, consiste à « gauchir les ailes », c'est-à-dire à faire se courber légèrement toute l'extrémité de la charpente portant les deux plans superposés. Simultanément, et par son intervention directe, l'aviateur agissant sur un levier, abaissera le coin de sa machine du côté où elle commence à pencher, tout en relevant de la même manière (et un peu comme une carte de visite qu'on commence de corner) l'autre coin opposé. Cela a pour effet de faire agir davantage l'air sous la partie abaissée : cet air relève ce coin et redresse la machine. Ce dispositif ne peut pas être considéré comme une infériorité des appareils Wright, encore une fois, puisqu'ils tournent bien plus court que les appareils à ailerons. Mais les ailerons ne sont pas non plus une mauvaise solu-

Un monoplan.

tion, puisque nous les trouvons sur des machines qui font merveille !

Parmi ces machines, il faut ranger d'abord les appareils imaginés par Blériot. Les ailerons, le mot le dit, sont des petits bouts d'ailes mobiles, des petits plans qui sont installés à chaque extrémité du plan principal, et qu'on peut abaisser ou relever à volonté ; ici encore, ce n'est plus de l'automaticité, il faut la volonté du pilote pour les commander. Du reste, l'effet qu'ils procurent est exactement celui de ce gauchissement que nous expliquions sommairement : l'action de l'air sous un aileron abaissé est de relever la machine volante du côté où cet aileron a été abaissé. Ce qui montre bien que gauchissement et mise en action d'ailerons donnent tout à fait le même résultat, c'est que certains aviateurs ont fait alternativement usage dans leurs appareils d'ailerons ou de gauchissement des extrémités des plans. Du reste, comme exemple d'excellent aéroplane à gauchissement, quoique d'origine française, on trouve l'aéroplane Esnault-Pelterie, qui ne s'est pas montré beaucoup dans les concours récents, mais qui est un appareil remarquable : et ici les redressements et la stabilisation sont obtenus par gauchissement du bout des ailes du monoplan.

Ainsi, dans la construction et le fonctionnement des divers aéroplanes, des différences très considérables, et pourtant des succès à peu près comparables : voilà la conclusion surprenante à laquelle on serait amené. Et c'est pour cela que certains aviateurs comme Curtiss, dont les triomphes ont été une surprise, font dans leur appareil une sorte d'amalgame des qualités et des particularités de construction qui se rencontrent dans toute une série de machines : son aéroplane ressemble sans doute beaucoup à un Wright, seulement il est muni d'une queue qui a pour objet de lui donner plus de stabilité dans le sens de la longueur; mais cette queue est de toutes petites dimensions par rapport à celle des machines Voisin, par exemple.

Cette présence ou cette absence d'une queue pourrait servir aussi à établir une classification des machines volantes. Mais allez donc déclarer que les appareils à queue sont meilleurs que les autres, quand des machines comme les Wright, qui présentent seulement à l'arrière un gouvernail de profondeur (destiné à faire monter ou descendre la machine), ont accompli des merveilles de régularité de fonctionnement; quand on les a vues, dans plusieurs essais sur 30 kilomètres, mettre le même temps de parcours, à quelques secondes près!

Et on en arrive volontiers à cette conclusion au point de vue de la disposition des machines à voler, conclusion qui était tirée récemment par notre confrère Faroux, une autorité en la matière : qu'on vole avec n'importe quoi, biplan ou

Henri Farman au volant.

monoplan, rigide à ailerons ou machine à gauchissement, aéroplane garni de toile vernie ou de toile écrue; pourvu, naturellement, que les grands principes qui sont aujourd'hui connus soient respectés, et que la machine trouve sur l'air un appui suffisant et s'y déplace à une allure assez grande.

Bien plus, on a discuté et l'on discute encore savamment sur les formes et dimensions à donner aux hélices qui se vissent dans l'air et doivent assurer la propulsion de la machine. Et pourtant on a vu Curtiss obtenir des résultats remarquables avec une hélice en bois qu'on jugeait grossièrement faite, et perdre beaucoup de ses avantages quand il s'est laissé aller à essayer une hélice que l'on tenait pour très perfectionnée.

On a certainement encore à chercher pour trouver une hélice aérienne bien appropriée au service qu'on lui demande; on est là dans un domaine tout nouveau, où il faut faire autrement que pour ces hélices étudiées depuis si longtemps et qui servent dans l'eau. Il est aussi une question où des progrès s'imposent en matière de navigation aérienne. C'est celle du moteur. Assurément, on ne peut pas trop médire des engins qu'on emploie actuellement, puisqu'ils ont permis les tours de force qu'on a admirés dans les Semaines d'Aviation où dans les voyages aériens accomplis; mais les moteurs d'aviation ressemblent encore trop aux moteurs d'automobiles : on s'est contenté de les faire aussi légers que possible. Il faut les faire différents, parce qu'ils ont un autre « métier » à exercer, si l'on nous permet le mot. C'est pourquoi l'apparition à Reims du moteur Gnôme a été un événement : tout comme le moteur Gobron, il appartient à la famille des moteurs rotatifs, qui sont déjà en assez grand nombre.

L'ingéniosité des inventeurs se dépense largement en cette matière; M. Esnault-Pelterie a créé un moteur qui est une merveille de mécanique et aussi de légèreté. A ce dernier point de vue même, il semble qu'il n'est plus nécessaire comme jadis (c'est-à-dire il y a bien peu de temps) de poursuivre cette légèreté en aviation. Les appareils que l'on construit peuvent enlever un poids sérieux; et ce qui importe

surtout, c'est un moteur absolument sûr, régulier et résistant, auquel on puisse se confier complètement.

S'il y a encore des progrès à réaliser, il n'en est pas moins
admirable de voir avec quelle rapidité on est parvenu à
accomplir ceux dont nous jouissons déjà, et qui nous mettent
dans l'embarras de choisir le meilleur des aéroplanes.

Moteur léger pour aéroplane.

TABLE DES MATIÈRES

921-10. — Coulommiers. Imp. PAUL BRODARD. — 7-10.

DEUXIÈME SÉRIE, FORMAT IN-8

Prix : Broché, 2 fr. 60. — Cartonnage fort, genre maroquin, plats dorés, tr. dorées, 3 fr. 60.
Cart. percaline, plats et tr. dorés, 3 fr. 60. — Genre demi-reliure, tr. dorées, 4 fr. 60.

About (Ed.) : *Le roi des montagnes.*
— *Nouvelles et souvenirs.*
Albert-Lévy : *Le pays des étoiles.*
Arthez (D. d') : *Malheur est bon.*
— *L'Or du pôle.*
Augé de Lassus : *Les sept merveilles du monde.*
Baker : *L'enfant du naufrage.*
Boland (H.) : *Excursions en France.*
Cahun (L.) : *Les pilotes d'Anjo.*
— *Les mercenaires.*
Colomb : *Habitations et édifices.*
Colomb (Mme) : *Les révoltes de Sylvie.*
— *Mon oncle d'Amérique.*
— *Les étapes de Madeleine.*
— *Chloris et Jeanneton.*
— *Hélène Corianis.*
— *La Fille des Bohémiens.*
— *Danielle.*
Cooper (F.) : *Le dernier des Mohicans.*
Corneille : *Œuvres choisies.*
Demoulin (Mme Gustave) : *Aventures d'un écolier en rupture de ban.*
Dickens : *David Copperfield.*
— *Aventures de M. Pickwick.*
— *Nicolas Nickleby.*
— *La petite Dorrit.*
Flammarion : *Les merveilles célestes.*

Gaffarel : *Les campagnes de la première République.*
— *Les campagnes du Consulat et de l'Empire.*
Girardin : *Le locataire des demoiselles Rocher.*
— *Les épreuves d'Étienne.*
— *La famille Gaudry.*
— *Le roman d'un cancre.*
— *Second violon.*
— *L'oncle Placide.*
— *Les millions de la tante Zézé.*
— *Le Commis de M. Bouvat.*
Guénin (E.) : *La Russie.*
— *La Louisiane.*
Guy (H. et C.) : *Le roman d'un petit marin.*
Hayes : *Perdus dans les glaces.*
Henty : *Les jeunes francs-tireurs.*
Lacombe (H.) : *Petite histoire du peuple français.*
Michel : *Histoire de Vauban.*
Molière : *Œuvres choisies.*
Nanteuil (Mme de) : *Capitaine.*
Or (L. d') : *Lettres du régiment.*
Paulian : *La hotte du chiffonnier.*
Renard (J.) : *Les étapes d'un petit Parisien.*
Rousselet (L.) : *Le charmeur de serpents.*
Saint-Paul : *Histoire monumentale de la France.*
Schultz (Mlle) : *La Famille Hamelin.*
Tissot et Améro : *Les trois fugitifs.*
Vignon (P.) : *L'expansion française.*

TROISIÈME SÉRIE (A), FORMAT IN-8

Prix : Broché, 2 fr. — Cartonnage fort, genre maroquin, plats dorés, tr. jaspées, 2 fr. 60.
Cartonnage percaline gaufrée, plats et tranches dorés, 3 fr.

Albert-Lévy : *Causeries.*
Alexandre (A.) : *Les Compagnons de la Marjolaine.*
Arthez (D. d') : *Le roman de l'armurier.*
— *La route de Damas.*
— *Le Trust du Soleil.*
Auerbach : *La fille aux pieds nus.*
Bombonnel : *Le tueur de panthères.*
Borius (Mlle I.) : *Dette de cœur.*
— *Notre aînée.*
— *Le pardon du Grand-père.*
— *La place de l'absent.*
— *L'Oncle Million.*
Cahu (Th.) : *Le cachalot blanc.*
Cazin (Mme) : *La roche maudite.*
Cim (Albert) : *Le petit Léveillé.*
Colomb (Mme) : *Histoires de tous les jours.*
Demage : *A travers le Sahara.*
Deschamps (F.) : *Le roman d'un sot.*
Deslys (Ch.) : *La mère aux chats.*
Dex (Léo) : *A travers le Transvaal.*
— *Du Tchad au Dahomey en ballon.*
— *Un héros de quinze ans.*
— *Vers le Tchad.*
Dourliac : *Un ancêtre de Gavroche.*
— *Ma Petite.*
Dufferin : *Lettres écrites des régions polaires.*
Fabre : *Les mystères de la maison grise.*

Ferry (G.) : *Les exploits de Martin Robert.*
— *Les étapes de Rameau.*
Tioy (P.) : *Le ménétrier des Hautes Chaumes.*
— *La destinée de Silvère.*
Gériolles (A. de) : *Sous terre.*
Girardin (J.) : *Les remords du docteur Eruster.*
— *Tom Brown, scènes de la vie de collège en Angleterre.* (Imité de l'anglais.)
— *Fausse route.*
— *Les certificats de François.*
— *Le capitaine Bassinoire.*
Guénin (E.) : *Augustin de Beaulieu.*
Guy (H.) : *Jeunesse d'orphelin.*
Heinecke (H.) : *Musique et musiciens.*
Lesage : *Le Diable boiteux.*
Lescap : *Les secrets de la prestidigitation.*
Mélandri : *L'ouragan.*
Menault (E.) : *L'intelligence des animaux.*
— *L'amour maternel chez les animaux.*
Meyer (H.) : *Le mousse de Portjiou.*
Rémacle : *L'enfant aux fourrures.*
Savary (Mme P) : *La Tour de la Lanterne.*
Simon (Gust.) : *Victor Hugo.* Années d'enfance.
Tissot et Maldague : *La prisonnière du Mahdi.*
Urgel (Y. d') : *Le caillou rouge.*
Virgile : *Œuvres choisies.*

TROISIÈME SÉRIE (B), FORMAT IN-8

Prix : Broché, 1 fr. 40. — Cartonnage genre maroquin, plats dorés, tr. jaspées, 1 fr. 90.
Cartonnage percaline gaufrée, plats et tranches dorés, 2 fr. 30.

Agon de la Contrie (Mme d') : *Le mousse des Terre-Neuvas.*
— *Les pupilles de Christiane.*
Améro : *Un Robinson de six ans.*
Arthez (Daniel d') : *L'excellent baron de Pic-Ardant.*
Bailly : *Le ménétrier de Lesshac'h.*
Bellet (L.) : *Promenades amusantes à travers la Science.*
— *Les merveilles de la Science et de l'Industrie.*
— *Nouveautés et progrès de l'industrie.*
Borius (Mlle l.) : *L'héritage des Derbanne.*
— *Leur histoire.*
Castetis (Y. de) : *Treize et Quatorze.*
Charlieu (H. de) : *La pupille de la Grenadière.*
Coignet : *Chez mon oncle.*
Deslys (Ch.) : *Nos Alpes.*
Dombre (R.) : *Pain d'épice.*
— *Un neveu à héritage.*
Doucet (J.) : *Contes.*
Dourliac : *L'écuyer de la Reine.*

Fautras (G.) : *De la Loire à l'Oder (1870-1871).*
— *Autour d'un champ de bataille (Coulmiers).*
— *A travers l'Année tragique.*
Gogol (Nicolas) : *Tarass Boulba.*
Guy (H.) : *Vers la gloire.*
— *La tirelire de Mona.*
Jeanroy (B. A.) : *La vengeance d'Amaury.*
Laurent (F.) : *Satan le baudet.*
Mussat (Mlle L.) : *Le champ d'honneur.*
Nesbit : *La Fée des Sables.*
Pouschkine : *La fille du capitaine.*
Quinet (Edg.) : *Histoire d'un enfant.*
Rousselet : *Les deux mousses.*
— *Le fils du Connétable.*
— *Le Tambour du Royal-Auvergne.*
Saint-Maurice (R.) : *L'équipage de la Danaé.*
Souvigny (J.) : *La chance de Gisèle.*
— *Petite Mioche.*
— *Le secret de Petite Mioche.*
Witt (Mme de) : *Odette la suivante.*

QUATRIÈME SÉRIE, FORMAT IN-8

Prix : Broché, 1 fr. 10. — Cart. fort, genre maroquin, plats dorés et tr. jaspées, 1 fr. 40.
Cartonnage fort, genre maroquin, plats et tranches dorés, 1 fr. 70.

Agon de la Contrie (Mme d') : *L'honneur de Richard.*
— *Le vainqueur de Gérald.*
Alber-Grave : *Les petits secrets amusants.*
Bailly (Aug.) : *La Troupe sans rivale.*
Annenskaïa : *Les amis de Collège.*
Bertin : *A bonne école.*
Bouvet : *Fleur captive.*
Cim (Alb.) : *Contes et souvenirs de mon pays.*
Clément (F.) : *Les grands musiciens.*
Colomb (Mme) : *Simples récits.*
— *Histoires et proverbes.*
Cummins : *L'allumeur de réverbères.*
Delon : *Histoire d'un livre.*
Delorme : *Journal d'un sous-officier.*
Demoulin : (Mme) *Les jouets d'enfants.*
— *Une école où l'on s'amuse.*
Diguet (Charles) : *Nos amis les bêtes.*
Du Boscq de Beaumont (G.) : *Une France oubliée : l'Acadie.*
— *Une Fille de France : la Tunisie.*
— *L'étendard vert.*
Ficy (P.) : *L'ambition d'Arnaud.*
— *La protégée des Quatre.*
Figuier : *Scènes et tableaux de la nature.*
Gauthier-Villars : *Le petit roi de la Forêt.*
Gérard (A.) : *L'enfant du 20e.*
Girardin (J.) : *Petits contes alsaciens.*
— *Les gens de bonne volonté.*
— *La nièce du capitaine.*
— *Bonnes bêtes et bonnes gens.*

Gorsse (de) : *M. Toto, premier policier de France.*
Guy (H.) : *Contes héroïques.*
— *Azalaïs.*
Hall : *Deux ans chez les Esquimaux.*
Heywood : *Les chercheurs de Trésors.*
Houdetot (Mme de) : *Lis et chardon.*
— *Cœur brisé.*
Kergomard (Mme) : *Heureuse rencontre.*
Krougloff : *Les petits soldats russes.*
La Fontaine : *Choix de fables.*
Laurent (F.) : *Le chasseur de loutres.*
Lehugeur (P.) : *Histoire de l'armée française.*
Lightone : *Mon ami Prampart.*
Masson : *Un voyage de vacances.*
Mayne-Reid : *Les naufragés de la Calypso.*
Mélandri : *La petite Cigale.*
Mussat (Mme L.) : *Autrefois et aujourd'hui.*
Poiré : *Six semaines de vacances.*
Sévigné (Mme de) : *Choix de lettres.*
Souvigny (J.) : *L'avenir de Suzette.*
— *Saudé.*
Strauss (Mme P.) : *Au pays basque.*
Talbert : *Les Alpes.*
Theuriet (A.) : *Les enchantements de la forêt.*
Tissandier (G.) : *Causeries d'un savant.*
Vèze (De) : *La fille du braconnier.*

CINQUIÈME SÉRIE, FORMAT IN-8

Cartonnage léger, or et couleurs, 85 c. — Cartonnage fort, genre maroquin, tr. jaspées, 1 fr.
Cartonnage fort, genre maroquin, plats et tranches dorés, 1 fr. 30.

Alexandre (Arsène) : *Le cirque Boulingrin.*
Armagnac (L.) : *Quinze jours de campagne.*
Aubigné : *Vie de Kléber.*
Bailly : *Vengeance.*
— *Yves de Kerlatte.*
— *Jean Sarc.*
Bonnechose (Ch. de). : *Montcalm et le Canada français.*
    Ouvrage couronné par l'Académie française.
Cim (Albert) : *Mes amis et moi.*
— *Entre camarades.*
Colomb (Mme J.) : *Contes vrais.*
— *Contes pour les enfants.*
— *Pieter Vandaël.*
— *Petites nouvelles.*
— *L'ours de neige.*
— *Pour les faire mentir.*
— *Maître Pizzoni.*
Demoulins (Mme) : *Pistache.*
Deschanel (E.) : *Benjamin Franklin.*
Dickens (C.) : *Chant de Noël.*
Diguet (Charles) : *Aventures d'une roulotte.*
Dombre (R.) : *La cassette de Nidri.*
Duruy (A.) : *Hoche et Marceau.*
Duruy (George) : *Pour la France.*
Enault (L.) : *Le chien du Capitaine.*

Girardin (J.) : *Contes sans malice.*
— *Fillettes et garçons.*
— *Chacun son idée.*
— *Têtes sages et têtes folles.*
— *Un peu partout.*
— *Récits et menus propos.*
Gonzague-Privat : *Mémoires d'un chien.*
Gorsse (H. de) : *Folle escapade.*
Guy (H.) : *Biches de neige.*
Jacquin : *Pif-Paf.*
— *Vif-Argent.*
Jeanroy (B.) : *A la recherche d'un gant.*
Laumann et Borio : *Jacques le Résolu.*
Laurent (F.) : *Les sonnettes du père Rieulle.*
Lecadet : *Les contrebandiers.*
Lightone (R.) : *La famille Tamby.*
— *Un bonhomme entêté.*
— *Pierrot.*
Mélandri : *Grain de poudre.*
— *Le capitaine Bigarreau.*
— *Monsieur Scaramouche.*
Mouans (A.) : *Le traîneau d'argent.*
— *Le fils adoptif.*
Moulin (M.) : *En campagne.*
Passy (F.) : *Le petit Poucet du XIXe siècle.*
Pottier (L.) : *Le bandit malgré lui.*
Privat (G.) : *Mémoires d'un chien.*
Renard : *Les étapes d'un petit algérien.*
Souriau (P.) : *Les crinières grises.*
Urgel (Yvan d') : *Contes de tous les temps.*
— *La belle au bois chantant.*

SIXIÈME SÉRIE, FORMAT IN-8

Cartonnage léger, or et couleurs, 70 c.
Cartonnage fort, genre maroquin, plats dorés, tranches jaspées, 80 c.

Bailly : *Le chevalier blanc.*
— *La légende du blé.*
— *Un héros inconnu.*
Borius (Mlle I.) : *Le billet de loterie.*
Colomb (Mme J.) *Une nichée de pinsons.*
— *Le pauvre François!*
— *En province.*
— *Contes qui finissent bien.*
Defodon (Ch.) : *De-ci, de-là.*
Delon (Ch.) : *Le moulin de Trompe-Souris.*
Demoulin (Mme) : *Bons esprits et bons cœurs.*
— *Proverbes en action.*
— *Le rancho de Franck.*
Diguet (Charles) : *Mémoires d'un lièvre.*
— *Récits de chasse.*
Dombre (R.) : *La peau de l'ours.*
— *Master Good.*
— *Le Cocher mystérieux.*
Dourliac (A.) : *Un de plus.*
Fabre : *La pipe de Philibert.*
Fleuriot (Francis) : *Graine de mousses.*
Girardin (J.): *Tout chemin mène-t-il à Rome?*
— *Le fils de l'éclusier.*

Gorsse (H. de) : *Petit Jeannot.*
Guy (H.) : *Le sabot d'Annette.*
— *L'invention de la flûte.*
Guyon (J.): *Histoire d'un annexé.*
Hameau (Mme): *Marinette.*
Jeanroy (B.) : *Petit-Jean.*
Lefebvre (E.) : *Histoire d'une bouteille.*
Lightone (R.) : *Avalanche de cadeaux.*
— *Les enfants de l'exilé.*
Marbel : *Une plaisante affaire.*
— *Le Rouet magique.*
Mouans : *La broderie de Militine.*
Mélandri : *Jacques Simpleton.*
Mussat (Mlle L.) : *Risque-tout.*
— *Grelette.*
— *Fidèle et Marquis.*
Nanteuil (Mme de) : *En détresse.*
Peltier : *Contes amusants.*
Petit (Maxime) : *Les amis de l'humanité.*
Schiffer (Ch.) : *Contes du temps passé.*
Souriau (Paul) : *La faute d'orthographe.*
Tissandier (G.) : *Voyages dans les airs.*
Urgel (Yvan) : *Au temps jadis.*

Coulommiers. Imp. PAUL BRODARD. — 7-10-1690.

St-Germain-les-Corbeil. — Imp. P. Leroy

www.ingramcontent.com/pod-product-compliance
Ingram Content Group UK Ltd.
Pitfield, Milton Keynes, MK11 3LW, UK
UKHW021906070726
13613UKWH00001B/361